オランダ東インド会社

永積　昭

講談社学術文庫

まえがき

この本の題をつけるについて、ずいぶん考えた。

スペイン・ポルトガルの繁栄とイギリス・フランスの擡頭との間をつなぐ最盛期のオランダの歴史は、単に一国だけの歴史ということが出来ない。むしろそれは一時期の西洋史そのものである。古典時代のアテネやローマ、中世のフランク王国などと同様、オランダは半世紀ほどの間、西洋を代表させられる。そしてその繁栄は新大陸とアジアとの貿易に基礎をおくものであり、とくに現在のインドネシアを長い間植民地とする端緒をつくったオランダ東インド会社の名は、どの西洋史のページにも必ず現われて来る。西洋にまず花ひらいた近代というものについて我々の持つイメージは各人各様であるが、その開幕に際してオランダの、とくに東インド会社が果した大きな役割については、恐らく誰も異議があるまい。したがって直接間接にこの主題を論じた研究は、それこそ星の数ほどある。近代資本主義社会の典型としてのイギリスに最も大きな関心を持っていたマルクスやエンゲルスは、オランダについて生涯あまり多くを語らなかったが、ゾンバルトはオランダ東インド会社の構造に多くの筆を割いている。さらに財貨の動きの背後にある人間の問題を扱ったものとして、マックス＝ウェーバーの『プロテスタンティズムの倫理と資本主義の精神』があることは周知の通りである。

外国の研究者の例ばかりではなく、わが大塚久雄博士の研究もある。氏の『株式会社発生史論』は西洋中世末期の地中海の航海の事例から説き起し、いかにして渡り鳥的な企業が恒久的な組織をそなえ、どのようにして持分資本家と機能資本家とが分かれ、またなぜ無限責任から有限責任へと移行したかなどの、根本的な問題を論じたものであり、世界最初の株式会社としてのオランダ東インド会社の性格は、氏の考察の極めて重要な部分を占めている。そうして商業ブルジョアジーの堅固な要塞であった東インド会社がこの国の産業資本の健全な発達をさまたげ、近代化をおくらせた、とする氏の持説は、この書物だけでなく、氏の全著作を一貫して流れている。

この点については私も全く異存がない。のみならず、大学在学中以来現在に至るまで、私が大塚氏の著作から受けた学恩はまことに大きい。しかし、それならば私はこの大きな題名のもとに果して何を語ろうとするのか。いや、まだ何か語ることが残されているのか。

悩んだのは、むろん題のつけ方やテーマのえらび方だけではない。これまで世に出たオランダ東インド会社についての文献と、どういう点で性質の違うものにしようかと、いろいろ考えた。何だか言葉の綾めくけれども、今までの文献が「オランダ」という部分をゴチック活字で組んだような感じに出来上っているのに対して、この本は「東インド」の方をゴチックで組んだ感じといったらお分かりいただけよう。今までの研究は、概してあまりにもヨーロッパ中心的である。たしかに世界最初の株式会社成立の意義は大きい。しかし「東インド」会社という以上、その地域への航海と貿易を行なうことを目的としたことはいうまでもない。オランダ東インド会社が「オランダ共和国の商業ブルジョアジー」の「乳牛」であったとするのは、大塚氏の卓説であるが、この乳牛はまさか北海に臨む草原に坐ったままで乳を出し続けたわけではない。

ここまで読んだところで、読者は恐らく思われるだろう。それではヨーロッパからアジアに目を移せということか。コロンブスやヴァスコ＝ダ＝ガマに筆を起し、ヨーロッパ人の上陸した地点から次第に地図の色が変り、やがて要所要所に列強の旗が立っていく歴史、そういうものを私は書こうとするのか。むろん、そうでもない。西洋経済史と同じく、植民史もまた視点をいちじるしく西洋に片寄せている。これは世界史の中で西洋史が重きをなして来た従来の歴史学の伝統である。いったい支配する側にのみ歴史があって、支配される側に歴史がなかったはずはない。この当然の事実が、今まで植民地支配を正当化する側の立場はもとより、これを批判する立場の人々からも、ともすれば忘れ去られているように思う。たしかに、現存する史料の量、知られている歴史事実、今までになされた研究の数のどれ一つをとっても、支配する側の歴史に詳しく、される側の記述にとぼしいことは否定できないが、それだからといって、今までの傾向を変えないでいいという理由にはならない。私はとくにこの点を意識しつつ筆を進めた。

さて、それならばいっそたとえば「十七、八世紀インドネシア史」としたらよいではないか。たしかにその通りだが、これはもっぱら時代を区切る上の一つの目安と思って頂きたい。一六〇二年に設立され、一七九九年に消滅する、この会社の時代におけるインドネシアの歴史について、今まで日本語の詳しい概説書が少なかった。ところがもしこれを現代まで含めるとすれば、巻末にも述べるように、すでに多くのすぐれた概説書が日本語で書かれている。したがってただでさえ限られたページ数の中で、私が新しく加え得ることはほとんどなくなってしまうだろう。ところが、この時期はたんに植民地の民族主義運動の前史としてではなく、それ自身充分検討にあたいする面白い時代だと、私は考えている。オランダ東インド会社の崩壊から二十世紀初頭までのインドネシア史については、やはりこの本と同じ位のページ数をもつ詳しい日本語の概説書が、いつか書かれねばなるまい。

このように時代をはっきり限定した結果、歴史叙述としては今までの類書よりも、かなり詳しく書くことが出来たと思っている。何年何月にどうしたという記述が多くて、読者は時に閉口されるかも知れないが、私は歴史家にとって時と所の説明を普通に考えられているよりはるかに重要なものに考えている。Aの地点であることが起っているちょうどその時、Bの地点では何が起っていたか、さらにCでは、Dでは、という疑問に歴史家は答える義務がある。しかし、実際にどの程度これを実行できたかについては、はなはだ心もとない。それにしてもなぜ月まで明記するのか、また日はいらないのか、といぶかる読者もあろう。月はインドネシアの生活のリズムに密接な関係がある。御承知のようにジャワの雨期は太陽暦の十月から始まり、一一—二月がピークで、乾期は五月から始まり、八—九月がピークになる。

この時期のインドネシア史の専門的研究にとって、インドネシア語とオランダ語の素養は不可欠である。その意味で巻末に収録した参考文献はほんの序の口にすぎず、さらに深く研究しようと思われる読者は、ちょうど探険時代の航海のような、孤独な探索を始められることになろう。このささやかな書物が、少しでもそういう探求心をよびおこすきっかけとなれば、私にとってこれにまさる喜びはない。

この本を書くにあたって、多くの方々にお世話になったが、なかでもオランダ語史料一般については岩生成一氏、マラッカ王国の成立については生田滋氏、西部ジャワにおけるオランダの植民政策については田中則雄氏、バタヴィア市の歴史については長岡新治郎氏、ホーヘンドルプの改革意見については田淵保雄氏の、見解に負うところが大きかった。またエルベルフェルトについて金子光晴氏のすばらしい散文詩があることを私に教えてくれたのは永田仁志氏である。これらの方々に心からお礼を申し述べたい。

こけおどしに大きいくせに、がらんとしてひと気のない、鉄道の廃駅。今はどの急行も通過する駅。オランダ東インド会社はいつも私にそういうものを連想させる。とうの昔に死んでいるものを生き返らせ、やがて再び死ぬまで見とどける作業は、むろん残されている材料にもよることだが、同時に想像力をさけがたく必要とする。ふとどきにもそういう操作を念頭におきながらこの本を書いたが、力の不足を痛感するのみである。

一九七一年一月

永積　昭

目次

オランダ東インド会社

一　香料への道

ユーラシア大陸の東西を結ぶ交通路として、中国（漢代の洛陽）から敦煌《とんこう》・楼蘭《ろうらん》・于闐《うてん》・ブハラ・ビザンティウム等を経てローマに至る、いわゆるシルク＝ロードの存在は古くから知られている。この交通路はすでに紀元前二世紀頃からさかんに用いられ、のちに幾分道筋に変更はあったものの、七―八世紀頃まで続いた。しかし八―九世紀以後には海上による東西交通の方が、陸上交通をはるかに凌駕するようになる。すでに西暦紀元四七年にはギリシャ人の水先案内ヒッパルスによって、モンスーンの存在が発見されていたことが伝えられる。この人物が果して実在したかどうかについては、こんにちでははっきり分からないが、いずれにせよ「ヒッパルスの風」と呼ばれたこの季節風が、インド洋から太平洋にかけての、広大な水域の交通に役立ったことだけは疑いを容れない。西暦紀元一世紀以後にインドシナ半島に栄えたクメール族の王国、扶南《ふなん》のオケオ遺跡からは、ローマの金貨やガラス製品が発掘されている。

陸路中央アジアの砂漠やステップをつらぬくシルク＝ロードに対して、この海上の貿易路を「陶磁の道」と呼ぶ新説もある。現に三上次男氏などのエジプトや紅海沿岸での調査の結果、これらの土地に埋もれている尨大《ぼうだい》な量の中国陶磁器は続々と日の目を見つつある。これを陶磁の道と呼ぶかどうかは別としても、この海上貿易路の重要性はもはや誰の目にも明らかであろう。

「船は板だ、水夫は人間にすぎぬ。陸の鼠もいれば水の鼠もいる。水の賊もいれば陸の賊もいる。つまり海賊だ。それから水や風や岩の危険もある」とヴェニスの高利貸シャイロックは裕福な船主のアントニオの財産をけなして言うが、当時の海上交通がおそらく陸上交通と同様に、いやむしろそれ以上に、危険をはらんでいたことは想像にかたくない。国家や社会がかたちづくる環境のことを一応は別として、自然環境だけを考えた場合、東西の海上交通の西端に位置するスエズ地峡や中近東の陸地を、海上交通のための西端の障害物と考えれば、東端の障害物は当然マライ半島であった。マライ半島の一番細くくびれたクラ地峡附近には、およそ紀元一世紀以来いくつかの商人のための通路が存在し、彼等はここで荷を積換えて半島を横断せねばならなかった。ちょうどペルシア湾から地中海に及ぶ陸路では、ラクダの背を利用しなければならなかったのと同様である。しかし人間の欲望の前には少しぐらいの自然の障害は物の数ではない。むしろマラッカ海峡附近に巣くう、シャイロックの言う「水の賊」の方が、直接の脅威となり得たのである。したがってこの水域に強い国家の権力が及んで航海の安全が確保されるならば、半島を周航する航路をとる方が、荷の積換えの面倒が少なくて済んだのはあきらかで、しかも海上貿易は陸上貿易とは比較にならぬ程大量の商品を動かせるという利点があったのである。しかしこの東西にひろがる広大な水域を一モンスーン期に走破することは到底《とうてい》不可能であったから、取引と風待ちとをかねた適当な港が、この水域の方々に発達したのは当然である。さきに問題にしたマライ半島附近についていえば、最初に擡頭したのは、現在のパレンバンを中心に栄えたシュリーヴィジャヤであり、最盛時のこの国は、対岸の半島側にも勢力を及ぼしたのである。七世紀半ば頃の唐の僧侶でインドに修行に赴いた義浄《ぎじょう》も、インドへの往路、復路ともにパレンバンに立寄り、同地の大学に学んだことが彼自身の旅行記にも見えている。しかしシュリーヴィジャヤも数世紀の繁栄の後、次第に衰え、十四世紀頃以後は昔日のおもかげを失うのであり、これに代るものとして、同じくスマトラ東岸のジャンビなどの港町もないではないが、とくにめざましい躍進ぶりを示したのは、マラッカ王国であった。ジャワのマジャパイト王国の王位継承の争いにまき込まれた、パレンバン出身の一王子パラメーシュヴァラが、シンガプーラ（現在のシンガポール）その他の各地に逃れて転々とした後、およそ一四〇〇年頃に、やや北方に移ってマラッカ附近に定着したのが、この王国の始まりである。ただし、最初から海岸に面した所に都を定めたわけではなく、マラッカ河を少しさかのぼったブレタンという所に都をおいてからのち、次第に海を見おろすマラッカの山の斜面に出て来ているのであり、港町としてのマラッカの誕生は王国の成立とは必ずしも関係がなく、むしろこれより幾分早かったらしい。そして定期的な貿易港というよりも、はじめは不規則な取引や海賊行為の中心のようなものであったが、次第にサムドゥラ、シンガプーラなどの他の港を圧して、発展をとげた。

港としてのマラッカの利点は何よりもその地理的位置にあり、海峡の中でも最も狭い部分にあって、行きかう船を一望のもとにおさめ、しかもスマトラ東岸諸港のように風波を受けることもなく、港としてすぐれていた。当時タイに興りつつあったアユタヤ王朝はマライ半島へ南下する勢いを見せていたが、数回にわたる明朝の鄭和《ていわ》の示威航海を巧みに利用したマラッカの外交手腕は、その危機を未然に防いだのである。

パラメーシュヴァラ王の次のムガット＝イスカンダル＝シャーは、その名からしてイスラムに改宗したらしいが、彼の後継者はヒンドゥー系の称号を用いている事実から見ると、商業上の利害からとはいえ、新しい信仰の受け入れにかなりの心理的抵抗があったらしいことが察せられる。

そんなわけで、マラッカ王の王室自体はそれ程貿易に積極的であったわけではなく、またもとからマラッカに住んでいた人々は文化程度も高くなく、東西貿易の一環を担うほどの財力や能力を持ちあわせず、マラッカの繁栄はもっぱら外国商人達の手に握られていた。事実、マラッカ王室にも次第に南インドのタミル系などの血が混入し、また王の重臣の中にもタミル系の者が多くいたことが知られるが、必ずしも南インドばかりではない。商人達の出身地はインドのグジェラート、マラバール、コロマンデル、ベンガルの諸地方、ビルマのペグー地方、スマトラ西北端のパセ、西イリアン附近のアル島、ジャワ、中国、スマトラ中・西部のミナンカバウ、南部のタンジョンプラ、スラウェシのマカッサル、ブルネイ、ルソンなど、放射状にあらゆる方向に及んでいる。彼等のうちにはマラッカに留まる者も多く、これらの居留民達の間から、四人の港務長官（ペルシア語のシャーバンダル Shahbandar）が選ばれて、商品価格の決定や商人同士の争いの調停などを行なっていた。それぞれ地域の分担がきまっていて、第一はインド西北岸のグジェラート人の代表、第二はインドの他の地域、すなわちコロマンデル人やベンガル人、ペグー人、及びスマトラのパセの原住民等の代表、第三は東南アジアの諸島部、すなわちジャワ、モルッカ、バンダ、パレンバン、カリマンタン、フィリピンなどの諸地域の商人の代表、第四が中国人及び琉球人の代表であったといわれる。船籍のみならず、入港の時期もまたさまざまであった。すなわち三月にはインド方面から船が到着し、五月末に出帆する。ジャワからの船は五月から九月にかけて現われ、一月頃帰っていく。また中国船は年の替り目頃に来航し六月末頃立ち去る、という次第で、一年中船の絶える時がなかった。

これらの貿易商人のうちで、最もめざましく活躍したのは西方のグジェラート商人と、東方のインドネシア商人であった。それは西から東へ動くインド産の綿織物、東から西へ運ばれるインドネシアの香料類という、二つの商品の流れに対応するものといえる。

インドは棉の原産地といわれ、綿織物の生産は紀元前二十五世紀頃から行なわれていたと伝えられる。生産地はインド全域にわたるが、とくにベンガル、ビハール、グジェラート、タミルのものが有名であったらしい。十九世紀初めにイギリスの機械織りの綿布が手織りのインド綿布を圧倒し去るまで、インド綿布はアジア各地のみならず、ヨーロッパにも大量に送られていた。英語のコットンという単語がアラビア語のクトゥンに由来することは、その径路と運び手とを物語るものといえよう。

香料の方はかなり説明を要する。香料研究の権威として知られる山田憲太郎氏によれば、ひろい意味での香料は、1、焚香料、2、化粧料、3、香辛料に分類でき、明治以前の日本人は1と2しか知らなかったとのことである。ところがここで取りあげるのは3の香辛料に限られる。最近の日本人は香辛料についての知識も深くなって来たから、これを香水や化粧品と混同する人はないと思うが、香辛料と言えばまず胡椒を連想する人は意外に多い。たしかに大塚久雄氏の指摘するごとく、ヨーロッパにおいてしばしば貨幣的用途に用いられ、商人が「胡椒袋」と呼ばれたこともある。事実、香辛料といえば、まず胡椒を筆頭にカルダモン、ジンジャー、肉桂《にっけい》、チョウジ、ニクズクなどをさすのが普通だから、その連想は決してまちがいではない。しかし、ここに挙げた香辛料のうち、胡椒から肉桂までは普通スパイスとはいわず、それぞれの名で呼んでいる。胡椒の場合は互いに関係のうすい数種の植物をひっくるめてペパーということが多いので、一層混乱を生じやすいが、本当の胡椒というべきブラック＝ペパー（サンスクリット名マリチャ）はインド北東部が原産地で、アジア南東部にひろく栽培されている。またロング＝ペパー（サンスクリット名ピパリ）はジャワやインドなどに産する。したがって、胡椒の特産地というものは存在しないのである。カルダモンもいろいろの品種があり、マラバール、セイロン、ベンガル、マダガスカル、タイ、スマトラ、カンボジア、ジャワ等の諸地方に及んでいる。ジンジャーつまりしょうがについては説明の必要もあるまい。肉桂はセイロン及びインド側対岸の特産物で、のちにオランダ東インド会社は肉桂の独占をめあてに、セイロンに進出するのである。

さて、せまい意味でスパイスと呼ばれる残りの二つ、つまりチョウジとニクズクこそが、これから問題にする香料である。チョウジ（clove）はモルッカのテルナテ、ティドーレ、マキアン、モティ、バチャンの五つの島を主産地とし、この諸島以外には世界中のどこにも産しなかった。木は六メートルから九メートルに達し、木全体が芳香を放つが、とくに花のつぼみ、花、果実、花梗《かこう》などがよく匂い、これを乾燥したものは釘のような形をしているので丁香とか丁子とか呼ぶのである。モルッカ諸島以外では栽培がむずかしく、十九世紀以後でも極めて限られた地域（東アフリカのペンバ島、マダガスカルの一部など）にしか育たない。理由はまだよくわからないが、山田氏の説によれば海岸線に近いことが不可欠の条件らしい。ニクズク（nutmeg）はモルッカ諸島からやや南東方にポツンと離れたバンダ諸島を主産地とし、当時やはり他には産しなかった。木の高さはチョウジと同じ位で、梅の実ほどの球形の実をつけ、その種子がナツメッグと呼ばれるものである。また種子を包む仮種皮はニクズク花（英語で mace）と呼ばれ、味はナツメッグとやや違い、ナツメッグと肉桂の中間の味ともいう。チョウジ、ナツメッグ、メイス——これら三種類の香味を求めて、中世以来のヨーロッパとアジアの食指がモルッカ諸島に動いたのも当然であろう。ポルトガル人トメ＝ピレスも「神はティモールを白檀《びゃくだん》のために、バンダをナツメッグのために、そしてモルッカ諸島をチョウジのために造り給うた」と述べている。

さて、地理的に東南アジアに近い中国の場合は別として、中世以来のヨーロッパでとくに香料が求められた理由は何か。むろんまず考えられるのは調味料としての用途である。たしかに当時のヨーロッパはまだジャガイモ、トウモロコシ、トマトなどという、こんにちの西洋料理につきものの野菜を知らず、レモンや砂糖の使用も稀で、コーヒーや紅茶もないという有様だったから、富裕な階級が食味の変化を香辛料に求めたのは当然のことであろう。しかし香料の用途は他にもあった。むしろ食用肉の貯蔵の方が一層重要であったと見てよい。当時のヨーロッパでは冬の間家畜を養う方法が未発達だったために、秋に家畜を大量に解体して食肉化せねばならなかった。塩漬肉や魚の干物の味の単調さを消し、殺菌力を増すために胡椒やスパイスは不可欠であった。この用途に関しては需要はかならずしも上流階級のみに限られず、また必要とする分量もかなりのものであったことが想像される。

このようにインドネシアの特産物が東西交通に占める役割は極めて大きかったが、さらにマラッカ海峡から北へ伸びる航路として、中国との交流も忘れるわけにはゆかない。中国の特産物である麝香《じゃこう》、大黄《だいおう》、樟脳《しょうのう》、真珠、金、銀、生糸、絹織物等は、中国商人によってマラッカに運ばれ、その帰りには、胡椒、各種香料、象牙、錫《すず》、白檀などの香木、紅玉髄等を積んでいった。なかでも胡椒については、マルコ＝ポーロの記述によれば、アレクサンドリアに運ばれた量の一〇倍が華南に運ばれたというから、マラッカの貿易圏を東西の方向だけで考えるわけにはゆかないようである。ついでに日本についていえば、この時期には日本の船乗り達の活動はまだそれ程広範囲ではなく、いわゆる倭寇の中国大陸進出以後、ようやく南方に及ぶのであって、それ以前の時代には仲介者としての琉球商人の役割を無視することが出来ない。日本から輸出された商品は、銅、金、銀、樟脳、陶磁器、刀剣、漆器、扇子、紙などであった。この頃、戦国大名のうちでも九州や中国筋の諸領主は次第に海外貿易への関心をましつつあったが、その対象はほとんど中国の明朝に限られており、東南アジアの物産への関心が起ったのはのちのことである。しかもマラッカとの取引よりは、琉球に近いフィリピンとの交易の方が盛んであったらしい。

さて、マラッカに最も近いインドネシアの諸港との関係はどうであったろうか。マラッカの海岸に立つと、対岸のスマトラは驚くほど近く感じられる。しかしスマトラ東岸の海岸線は奥行一〇〇キロ程の湿地帯をなしていてマラッカの真向いには良港が

なく、かなり南に下ってインドラギリ、カンパル、ジャンビ、パレンバンがあり、また北方にはパセ、サムドゥラ、ペディールなどがあった。スマトラの北端のアチェーの勃興はこれよりあとのことであり、また西岸の諸港はマラッカと直接交渉がなかった。

同じ頃ジャワに起りつつあった変化はきわめて重要である。十三世紀末から中部・東部ジャワに栄えて来た最後のヒンドゥー教王国マジャパイトは十六世紀初め頃にはすっかり衰え、長い間その圧迫をこうむっていた西部ジャワのパジャジャラン王国はようやく一息ついたが、これまたもはや勢力回復の余裕はなかった。ジャワ北岸でパジャジャランの外港の役割を果して来たデマ、チレボン、スンダ＝カラパ、バンテンなどの諸都市が、今や母国を凌《しの》いで発展し始めたからである。

スンダはジャワ西部の地方名、カラパはもとマライ語のクラパで椰子《やし》の意味である。これがのちのバタヴィアであり、ジャカルタであることはいうまでもない。ポルトガル船は一五二二年にこの港を訪れ、まだヒンドゥー教を奉じていた君主と貿易条約を締結したが、五年後に彼等が再び現われて貿易の根拠地を建設しようとした時には、すでに港はイスラム化していた。この改宗は西方にあるバンテンの勃興によるもので、バンテンに初めてイスラム教を伝えたのは、チレボンのイスラム僧侶ファレテハンであった。彼は別名をスーナン＝グヌン＝ジャティといい、本来はジャワ人でなく、スマトラ北端のパセ出身であった。すでにメッカへの巡礼をすませた「ハジ」として尊敬を受けていた彼は、デマ国王の妹と結婚してバンテン附近に勢力を得、デマと協力してパジャジャランを滅ぼし、のちに一五六八年、スーナン＝グヌン＝ジャティの子ハサヌッディンの時、バンテンは正式に独立して王国となるのである。「ポルトガル人の来航がインドネシア各地のイスラム化を促進した」というのが、オランダの社会学者J＝C＝ファン＝ルール（J. C. van Leur）の説であるが、イスラム教そのものよりはイスラム商人達の行なう貿易の方がはるかに重要だったのであり、イス

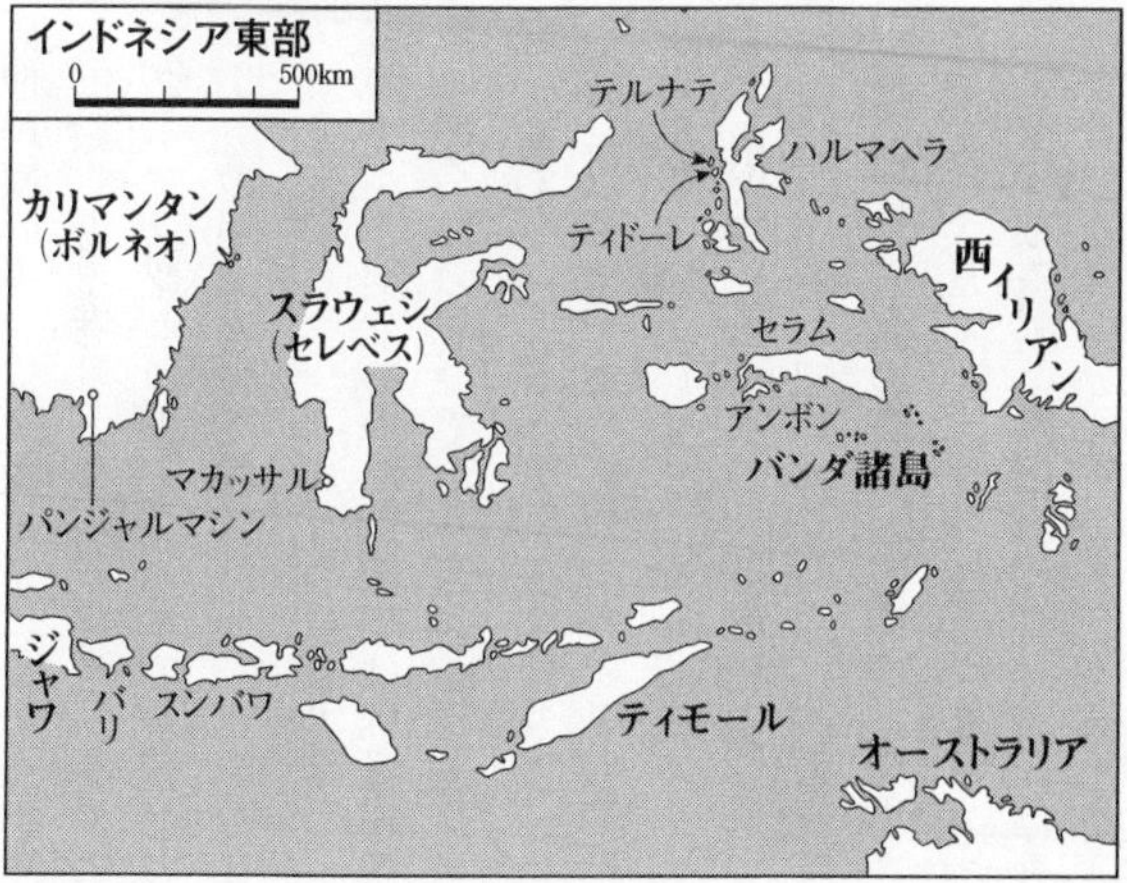

ラム化はいわばその結果にすぎない。

　さて、これら新興の諸港を凌いで、東西交通の要衝として最も古い歴史を誇っていたのはスラバヤの近くにあるグレシクで、この港はモルッカ諸島やバンダからの香料の集荷地として長く栄え、香料諸島―グレシク―マラッカという貿易ルートを形成していた。

　このようなルートがなぜ存在したかといえば、それには少なくとも二つの理由があった。第一に、香料諸島は概して食料その他の生活必需品を自給することが出来ず、常にこれらを外部からの輸入に依存していたのである。第二に、バンダ諸島は例外として、香料諸島の原住民は、一般に航海が不得意で、これらの重要物資の輸入に、常に他民族の手を借りなければならなかった。したがって、極言すれば香料諸島に衣食を供給し得る者は、香料貿易を一手に握ることになる。さきに述べた香料諸島―グレシク―マラッカのルートにしても、そのような商品の流れの一つの現われに過ぎず、ルートの選択の可能性はほとんど無数に存在したのである。たとえば大商人達はこのルートに従って、インド産の綿織物を直接香料諸島に持込んだが、小商人達の動きはおのずから別であった。彼等は綿織物をグレシクで換金し、ジャワの東につらなる小スンダ諸島の一つであるスンバワ島などで、これより安い綿織物や米を仕入れて香料諸島に持込み、チョウジやニクズクと交換したのである。もちろん米の産地はスンバワ島に限らず、バリ、ロンボク及びジャワの北岸等もそうであったから、船の訪れる港は千差万別といえた。そしてこういう複雑な貿易の全過程を一隻の船、一商人が行なったと考えるのは事実から遠いように思われる。資本の規模が小さければ小さい程、航海は勝手知った港の間に限られ、それゆえ港は陸と海との間の取引の場であるだけでなく、海の商人同士の商談の場をもかねていた。そしてこのような無数の磁場をさらに大きく規定する中心として、マラッカが存在していたのである。

マラッカ王国と港について、幸いにも我々はかなり多くの史料に恵まれている。マライ語で書かれた『マライ年代記』(スジャラ゠ムラユ)、中国語の史料としては明代また鄭和の航海に参加した馬歓の『瀛涯勝覧《えいがいしようらん》』や費信の『星槎勝覧《せいさしようらん》』などがあり、ポルトガル語史料してジョアン＝デ＝バロスの『アジア史』、ディオゴ＝デ＝クートの『アジア史』などもあるが、一番詳しいのは何といってもトメ＝ピレスの『東方諸国記《スマ・オリエンタル》』であろう。彼はポルトガルの商館員として、占領後まもないマラッカに一五一二年半ばから一五一五年初めまで滞在し、その間に見聞したことを克明に記しているのである。この貴重な史料は種々の写本によって伝わり、最も完全なパリ国会図書館の写本は、実に一九三七年に至るまで、全く世の中から忘れられていたのである。我々は現在この本をすぐれた日本語訳で読むことが出来る。（巻末参考文献参照）

さて、そのトメ＝ピレスは当時東西の諸港からマラッカに集まる船の数とその積荷の種類について、詳しい記事を残しているが、オランダの歴史家メイリンク＝ルーロフスはこれを集計して、毎年大船約一〇〇隻、小船三〇—四〇隻という数字を得ている。これだけの船がモンスーンの風待ちをしながら、我々の常識よりはるかに長く、恐らくは数ヵ月も停泊する港の繁華なことは、想像に余りある。十六世紀初めにマラッカを訪れたイタリア人ジョヴァンニ＝ダ＝エンポーリによれば、マラッカの港は大小の船約二〇〇〇隻を同時に容れるほど大きかったという。人口の多いことも附近の港の比ではなく、ピレスは「マラッカ市の住民は、〔スマトラ北端の〕パセのような都市を一〇も作ることができるほど多い」といっている。まことにマラッカに匹敵する港は世界の何処にもなく、「マラッカの支配者となる者はヴェネツィアの喉に手をかけることになる」といわれた。

数世紀にわたるイスラム勢力の支配下において、スペイン、ポルトガルの両国が次第に勢いをもり返し、遂にモール人を対岸のアフリカに駆逐する長い戦いは、ほぼマラッカの勃興と同じ時期であった。ポルトガル人は今でも慎重な行動の合言葉として、「Os Mouros estão na costa」（モール人達が海岸にいるぞ）ということわざを持っているというが、恐らくかつては文字通りそのような状況であったに違いない。国王アフォンソが十字軍の助けをかりて、リスボンをモール人から奪回したのが一一四七年、さらに国の最南端に残ったモール人の最後の王国アルガルヴェを滅ぼして、現在の国境とほぼ同じ領土を得るに至ったのが一二四九年のことである。スペインの場合、モール人の最終的撃退は、コロンブスの新大陸到達と同じ一四九二年であったから、ポルトガルにおける国家の形成は、隣りのスペインに数歩先んじていたということが出来る。しかも、十五世紀半ばには有名な航海王子エンリーケが出て、アフリカ西北岸のモール人攻撃のための同盟国を遠く南方に求めるべく、アフリカ航路の開拓を大いに積極的に推進した。次第に積み重ねられていったアフリカ大陸沿岸航海についての貴重な見聞が、遂に一四八八年のバルトロメオ＝ディアスの喜望峰到達となり、さらに一四九八年のヴァスコ＝ダ＝ガマのインド廻航の成功となって現われたのは、世界史上有名な事件であり、スペインの新大陸進出におくれること六年であった。インドに着いたヴァスコ＝ダ＝ガマは、何のために来航したのかという現地君主の問いに答えて、「キリスト教徒と香料」と答えたと伝えられるが、この答こそ、エンリーケ以来のポルトガル人の悲願を、最も端的にいいあらわしたものということが出来よう。

これ以後、スペインの新大陸貿易とならんで、ポルトガルの東洋貿易はインドからマラッカへ、さらに香料諸島やマカオへと、貿易のための根拠地を東に求めていくのである。セケイラの率いる船隊が、ヨーロッパ人として初めてマラッカの港を訪れたのは一五〇九年九月であり、最終的にマラッカを占領したのは一五一一年八月のことである。

ポルトガルの東洋進出は、西洋史中心の従来の歴史学の中でいささか高く評価されすぎている嫌いがある。すでに今まで見て来た通り、アジアとヨーロッパとの海上交通はポルトガル人の来航に先だつ一千年もの間、アジア各地の商人達が作り上げて来た精緻な網の目であって、これにくらべれば、ポルトガル人の開いた喜望峰廻りの航路は、やむをえぬ政治的事情によるとはいえはなはだ遠廻りのものである。ただ一つ重要なちがいは、従来の東西交通が地域毎に分担者を異にし、船から船への、あるいは水から陸への、度重なる荷の積換えや荷主の変更を伴ったのに比して、ポルトガル人は本国から東洋までの海上交通を一貫して行なうことにし、その貿易路線にいくつかの戦略上の拠点を得て、これを要塞化するという構想であった。これはポルトガルの勢力伸長に大いに功績のあった第二代総督アフォンソ＝ダルブケルケ（Affonso d'Albuquerque）の考えによるものであり、この方法によれば、マカオ、マラッカ、ゴア等を経由してアジアの商品をヨーロッパに運ぶ場合、今までほど多額の商人の手数料や入港税などにわずらわされずに済むはずであった。それはたしかに画期的なことといえるが、問題はそのポルトガル船貿易が、果して全東西貿易の中でどれだけの比重を占めたかという点にある。そして、のちに述べる通り、アジア人が従来行なって来た貿易のスケールに比して、その額は必ずしも大きくなかった。

ポルトガル、スペイン、オランダ、イギリス、さらにはフランス。おおよそこの順に従って西洋諸国の東洋進出を考える場合、ともすれば我々は、コロンブスやガマ以前には東西間の貿易が行なわれていなかったかのような錯覚をおこす。ところが事実は決してそうではないのであり、私がわざわざ西洋をさけて、東洋から筆を起したのも、このような理由からである。まったく、西洋を軸とする当時の世界貿易について、我々は同じ時期の東洋貿易についてよりも、はるかに多くの見通しを持っている。とくに大塚久雄氏の『近代欧洲経済史序説』は、ヨーロッパ旧大陸とアメリカ新大陸の間の商品の大きな流れとして、西から東への銀の流入、東から西への毛織物の輸出を考えている。氏によれば、東洋貿易にはおびただしい量の金銀を必要としたのであり、全ヨーロッパに価格革命を起こした程の銀のかなりの部分がやがて東洋に流れて、それに見合うだけの香料その他の商品を逆にヨーロッパにもたらしたことは、疑いを容れない。しかし大塚氏の興味の中心はヨーロッパと新大陸の間の商品の動きに限られた感がある。

大西洋をヴェルデ岬からさらに南下し、やがて喜望峰を廻ってからあとの商品の動きについてはあまり語るところがない。ところがその貿易たるや、今まで長いこと述べて来たように複雑なものであって、単に香料その他の特産物の産地に銀を運んでそれを買い付けるというような、簡単なものでは決してなかった。もちろんゴア、マラッカなどの獲得以後、ポルトガルはそのような一貫体制による貿易の実現を夢みたのではあるが、それが成功したかどうかはまったく別問題である。欧米の歴史家達はどうしても欧米中心に物事を考えがちなもので、およそ第二次世界大戦の直前頃までは

「ポルトガルの東洋貿易制覇」というイメージが一般的であり、ヴァスコ゠ダ゠ガマのインド到達からオランダやイギリスの競争参加までの約百年間を、「ポルトガル人の世紀」と呼んでいる概説書さえある。しかし、この世紀は一向にポルトガル人の世紀ではなかったのであり、およそ十五—十六世紀頃の東洋と西洋との出会いにおいて、のちの帝国主義時代以後のような、東西の物質文明の間の大きな落差を考えることは、明らかにあやまりである。当時のマラッカはヨーロッパの諸港を凌ぐほどの繁華な港であったし、アジアの大商船はポルトガル船に比して、決して構造上劣るものではなかった。もっとも「力」にはいろいろの意味がある。経済の繁栄の程度もあきらかに「力」の一種であろうし、文明の水準の高さも「力」といえないことはないが、もっと狭く「武力」に視点を限ってみると、ポルトガル人とアジア諸国の原住民との間には、たしかにかなり大きな格差があった。トルコを別としておよそ紅海以東のイスラム教国は武装した艦隊というものを持たず、海戦の経験を持たなかった。したがって、外洋の航海に堪える堅牢な船体と、すぐれた鉄砲とを持つポルトガル艦隊

が、少なくとも最初の間、これらの商船群を簡単に撃破し得たのは当然であろう。またイスラム教国の間には種々の利害の対立があって、ポルトガルという共通の敵に対して大同団結する気運に欠けていた。イスラム教国の支配者達はポルトガル人を恐るべき競争相手と認めて、事毎にその進出を阻止しようと企てたが、一般の商人達には必ずしも危機感の自覚がなく、むしろ商業上の利益を求めて、進んでポルトガル人と協力する者さえあった。

なお、ポルトガルの成功の原因は必ずしも武力の卓越ばかりではない。行政機構や貿易の方法などもイスラム教諸国に比してよく整備され、少なくとも一層能率的であった。また周知のごとくポルトガルの行なう貿易は、王室の独占貿易であり、ゴアの副王がこれに当ることになっていたが、イスラム教諸国においては、概して王室は貿易にみずから参加しない場合が多く、貿易への意欲に格段の差があった。これらの点がポルトガルのアジア諸国に対する優越の内容であるといえばいえる。しかしこれはあくまでポルトガルがアジア貿易に乗出して来る初期に限られている。任意に他国の船を攻撃して掠奪することから、動かない要塞を守る立場になると、ポルトガルは一転して追われる者の辛さを味わうことになるのである。各地に要塞を維持する費用はかさむ一方、貿易の利潤はそれ程大きく伸びなかった。王室の独占貿易とはいうものの、それは表面上のことで、各地において実際に貿易にたずさわるポルトガル人は大幅な裁量の余地を残されていたのであり、しかも彼等の乏しい給料は滞りがちであったから、表向きの貿易とならんで密貿易を行なうことは公然の秘密となった。貿易の資金、収入の不足とならんで深刻だったのは人不足である。もともとポルトガルは現在でも人口一〇〇〇万足らずの小国であるから、急速に増大する海外の根拠地の人員をみたすのに追いつかず、アジア人との結婚が奨励され、その混血児を雇い入れるなどの苦肉の策が取られたが、もちろん人員の不足を補うには足らず、次第にオランダ人、ドイツ人、イタリア人などの技術者を使用するようになった。このようにしてポルトガルの貿易機構は、次第に下から非ポルトガル人にとって代られ、アジア人の水夫長や、要塞長まで出現するようになり、しかも彼等は部下の雇用を一任されていたために、当然自国人を雇い入れたので、この傾向はますますはなはだしくなった。

ポルトガルの貿易は、その究極の目的地ともいうべき香料諸島においてもあまり振わなかった。彼等のこの地域への進出は、すでにマラッカ占領の年である一五一一年から始まっており、この年から一五二二年にかけて定期的に渡航し、香料等を買入れている。それまでさかんに香料諸島を訪れていたジャワ北岸の商船は、あらたに生じた敵マラッカとの海戦であえなく潰滅し、香料諸島への渡航もほとんど不可能となっていたので、ポルトガル人の来航はモルッカ諸島の小君主達を喜ばせ、モルッカ北部のテルナテ島の王はポルトガルと協定を結んだ。一方、一五二一年に初めて太平洋廻りの航路でフィリピンに到達したスペインも、直ちにモルッカ諸島に進出し、テルナテに近いティドーレ島の王と提携して、ポルトガルに対抗した。一五二九年の条約によってスペインとポルトガルの間の香料争奪戦には一応の終止符が打たれたものの、その後も折にふれて競争が行なわれたので、ヨーロッパ人の威信は大いに損われ、両国の競争の隙を縫って香料を積出すイスラム商人はあとを絶たなかった。これに憤慨したポルトガル人は原住民に対して強圧的な態度でのぞみ、ポルトガル人以外の者に香料を売らないようにしむけたが、そんな取引の仕方に慣れていない原住民がポルトガル人を嫌うようになったのは、怪しむに足りない。

香料の栽培は次第に北部モルッカ以外の地方にもひろまり、アンボン島のチョウジや、バンダ諸島のニクズクも産額が増加した。しかし、モルッカ北部の場合と同様、貿易を独占しようとするポルトガル人の意図は成功せず、のちにはむしろマラッカの港までアジア商人が運んで来るのを買い取るやり方が、一般的になった。

このように、ポルトガル人の貿易は産地（東南アジア）から市場（ヨーロッパ）までの一貫した体制を夢みながら、決してそれに成功したとはいえず、時代が下る程、買入れの末端は以前の通りアジア人に一任する傾向が出て来たのである。しかも彼等の貿易独占の試みが不成功であったことは、数字の上からも明らかで、ファン＝ルールの推定によれば、モルッカ諸島北部のチョウジの年産平均三〇〇〇バハル（香料を測る最も普通の単位。地域により差があるが、この地方では一バハル＝六〇〇ポンドといわれる）のうち、ポルトガルの得た分は僅か四〇〇バハルつまり一三パーセントにすぎない、といわれる。それでは――中国その他のアジア各地に運ばれて消費されたものは別として――ヨーロッパ向けの香料類はどのようなルートを通って運ばれたであろうか。当然考えられるのは、ポルトガル人来航以前から存在する、紅海―カイロ、またはペルシア湾―アレッポという水陸併用の二つのルートであろう。事実、喜望峰廻り以外には主としてこの二つしか考えられないから、イスラム系商人達は依然としてこの二つのルートをさかんに利用していたものと考えられる。その何よりの証拠には、ポルトガル人はさかんに船隊を遣わして紅海やペルシア湾の入口を監視したり、封鎖しようとしているが、どちらも相当ひろい海域なので、必死の封鎖の甲斐もなく、たまに発見した敵の商船にも例外なく逃げられており、結局封鎖は有名無実であったとしか考えられない。

それやこれやを考え合わせると、ポルトガルの東洋進出を過大評価するのは考えものという結論になる。オランダのすぐれた社会学者で第二次大戦中に日本の潜水艦の攻撃によって若死したファン＝ルールは、早くからこの点について異議をとなえ、「貿易におけるポルトガルの戦闘活動は、スエズから長崎に至る国々で行なわれた国際貿易という織物の中で、一本の余計な糸となった」という、有名な警句を残している。一見奇抜に聞えるこの言葉も、考えてみればその通りであり、ポルトガルが登場するまでの間に織り上げられた国際貿易は、今さら急にデザインを変更出来るものではなかった。いわんやこれに代る全く新しい織物を提供することなど、当時のポルトガルの能力をはるかに越えるものであった。

しかし、歴史は常に動いてやまぬものであり、貿易とて例外ではない。「余計」であるかどうかということは価値判断の領域に属するから一応別として、ポルトガル人の介入が一本の新しい糸であったのは、かくれもない事実である。それが貿易のパターン全体に今までと違った外観を与えたとしても当然であろう。パターンが永久不変でなければならぬいわれはない。ファン＝ルールは従来の偏見を打破するのに急なあまり、別の偏見に一歩踏み出しかけているように思われる。

それでは一本のこの糸が、織物の模様をどう変えたかを見よう。マラッカ占領後、ポルトガル人は港の関税という財源を確保するために、今までのマラッカが持っていた扇の要のような重要性を必死で守り抜こうとし、アジア諸国の商人をマラッカに寄港させようとして懸命の努力を続けるが、彼等は高い関税や貿易上の種々の拘束を嫌ってポルトガル占領後のマラッカを避けるようになる。かつての扇の要としての地位は次第に失われていくのである。そして、アジア商人達はマラッカ海峡という絶好の航海条件をあえてさけてまで、これに代る寄港地を求めて狂奔することになる。まずポルトガル人によってマラッカから追われた旧王室はジョホールに移って僅かに余命をつないでおり、この港もマラッカ海峡の入口を占める好位置にあったが、何分マラッカそのものに近すぎるために、アジア商人達はそれ程ジョホールに寄港せず、むしろスンダ海峡から荒波のスマトラ西岸を廻ることによって全くマラッカ海峡を避けることが一般的となった。この場合に絶好の寄港地としてクローズアップされたのが、スマトラ西北端のアチェーである。附近の港市ペディールの支配を脱して今まさに勢力を伸しつつあったアチェーはアジア商人、とくにイスラム教徒達の停泊地として急速に発展する。さらにこれらの商人達はインド沿岸のカリカットやゴアなどのポルトガル人の根拠地を避けて、インドの南西方にあるマルディヴ諸島を経由し、やはりポルトガルの支配下にあるペルシア湾頭のホルムズを避けて、紅海に入ったのである。このような航路の変更は、ポルトガルの進出なしには考えられなかったであろう。

さて黄金時代のマラッカには到底及ばぬにせよ、アチェーはポルトガルに対抗するイスラム諸勢力のチャンピオンの立場におかれ、イスラム諸国の盟主たるトルコなどと同盟を結んで、しばしばマラッカの封鎖を試みさえしているが、つねにジョホールとの利害が一致せぬため、成功するに至らなかった。

アチェーだけでなく、ジャワ北岸もスンダ海峡の利用増加により活気づき、デマ王国の支配を脱してジェパラの港が勢力を得ることになる。しかし、ジャワの香料集散地としては、東部のグレシクが依然として他を圧していた。また西部ジャワではスンダ＝カラパを傘下におさめた貿易王国バンテンの発展がますます顕著になった。バンテンの国内情勢もこの傾向を助けたといってよい。バンテンの第二代の王ハサヌッディンはそれまでバンテン河を海岸から約八キロメートルほどさかのぼった所にあった都を、ずっと河口に近いこんにちのバンテンに移したのである。古い都はバンテン＝ギラン（Banten Girang）、新しい都はバンテン＝イリル（Banten Ilir）と呼ばれ、それぞれ上バンテン、下バンテンの意味であった。明代の東南アジア関係史料として重要な『東西洋考』にこのバンテンのことを「下港」と記しているのは、このバンテン＝イリルの意味である。ただし、この下バンテンもかなり河をさかのぼった所にあったので、港としての効用だけで比較した場合には、属領のスンダ＝カラパの方が、ほとんどあらゆる点ですぐれていた。やがて来航するオランダ人がバンテンとスンダ＝カラパとの両方を利用しつつ、次第に後者を選ぶのは当然のなりゆきといえよう。

いずれにせよ、マラッカがポルトガル人の手に落ちたあと、アジア人の貿易の流れは、バンテンとアチェーという二つの貿易国家が分担する結果となったが、どちらもマラッカの後継者としては力不足であり、しかも前に述べたように、マラッカ海峡を通る最も自然な通路をさえぎられたために、彼等の貿易量はマラッカ全盛期に比べれば、かなり減少したと考えられている。そして、ポルトガルはマラッカの繁栄をそのまま持ちこたえたかというと、そうでもなかった。もともと訪れる船あっての港であり、その船の針路が変ればバランスも変らざるを得ない。ポルトガル人の進出以来一世紀も経たない一五八〇年に、有名なイエズス会の宣教師アレッサンドロ＝ヴァリニャーノはこのことに気づいていて、「アチェーを征服せぬ限り、マラッカは極めて小さな、みじめなものである」と歎いている。アレクサンドロス大王の才幹とカエサルの智勇をかねそなえるといわれ、日本に来て天正遣欧使節を演出したこともあるこの男には、早くもマラッカの没落の兆が見えていたに違いない。

ヨーロッパの政治情勢から見ても、ポルトガルの運命はかんばしくなかった。やはり一五八〇年に、王家同士の血縁により、ポルトガルはスペインと同じくフェリペ二世を王と仰ぐことになり、この状態は一六四〇年まで続くが、両国の国力の差から見てこの合併は対等でなく、ポルトガルの従属を意味した。事実、フェリペ二世は両国の対等なことを常に強調したが、彼の後継者達は後になる程ポルトガルの立場を無視して、圧政を行なった。ポルトガルはこの合併にもかかわらず、スペインから実質的な利益をほとんど受けることがなく、しかも、アジアからヨーロッパにまたがる大国スペインの敵を、ことごとく自分の敵としなければならぬ不利をこうむったのである。

小国ポルトガルのこれまでの幸運は、他より常に一歩先んじているということにあった。しかし、すでに得たものを守る段階になってまで、他に先んじつづけることは出来ない。十六世紀も末になると、ポルトガルの武器や航海術は、たちまち他のアジア人やヨーロッパ人によって模倣されるようになる。また、今まで統一を欠いていたアジア各地の反応にも少しずつ変化が現われ、インドのムガール朝、セイロンのカンディー朝など、それまでになかった統一国家の発展などもあって、ポルトガルの海上帝国は次第に衰退に向うことになった。その上、ヨーロッパ北西部に勃興するオランダとイギリスは、東洋進出の機会を求めて、それぞれの困難と戦いつつあったのである。

やがて一五九六年六月、バンテンに滞在中の六人のポルトガル人は、小さい、ずんぐりした四隻のオランダ船が町の正面に到着するのを見る。これこそアジア到達に成功した最初のオランダ艦隊であり、その指揮官はコルネリス＝ド＝ハウトマンであった。

二　V・O・Cの誕生

我々がオランダと呼びなれている国は、現在正式にはみずからをネーデルラントと呼んでいる。その北西部の地方をさすホラントのことをポルトガル語でオランダと呼び、部分はやがて全体と混同された。我々日本人が史上はじめて接したヨーロッパ人がポルトガル人であったために、我々は彼等にならって、いまだにネーデルラントをオランダと呼んでいるのである。明治以後の急速な近代化に伴って、欧米先進国についてのおびただしい新知識が鎖国時代の旧知識を駆逐したのに、オランダという国名がそのまま残ったことは、日本とこの国との縁の深さを物語るものであろう。

英語でもこの国をホランドとザ゠ネザーランズの二通りに呼んでいるが、やはり後者が正式である。もっとも、冠詞や複数語尾がついていることからも分かるように、もともとこの国の範囲は漠然としていた。ネーデルラントとは低地の意味であり、現にフランス語でもドイツ語でもそのままこれを「低い国々」と呼んでいる。古い時代のネーデルラントは現在のオランダだけでなく、ベルギーの大部分をも含む地域であったが、のちに述べる独立戦争の過程を通じて、やがて両者の利害はかなりはっきり分かれていくので、ここでは両者を総称する時だけネーデルラントと呼び、あとは便宜上オランダ、ベルギーという現在の名前をそのまま使うことにする。

この地方が初めてローマ人に知られたのはユリウス＝カエサルのガッリア遠征の時からといわれ、やがて西暦紀元に入ってからローマの歴史学者タキトゥスが書いた『ゲルマーニア』にも、ネーデルラントのことは克明に記されている。人により多少説は異なるが、この地方の住民のうち、ライン左岸のものをベルガエ族、右岸のものをフリーシー族、ライン河口の大デルタ地帯（ほぼ現在のオランダの主要部）にいたものをバターヴィー族と呼んだらしい。のちにオランダ人が東インド進出の際、彼等の根拠地をバタヴィアと呼んだのも、またフランス革命に励まされて建設した国をバタヴィア共和国と呼んだのも、すべてこのバターヴィーという名に由来するのである。ローマ時代の影響はオランダ全土に及んでおり、ネイメーヘンやライデンにはローマの植民地があった。バターヴィーは尚武の気風に富み、ローマ軍と戦って、勝利をえたこともあったらしい。したがってローマ軍は遠征の際にバターヴィーの兵卒を連れていくことが多かったと伝えられる。ただしこれに続く民族大移動の時代に、各民族の原形はほとんど失われ、互いに征服し合ったり混血したりするのであって、バ

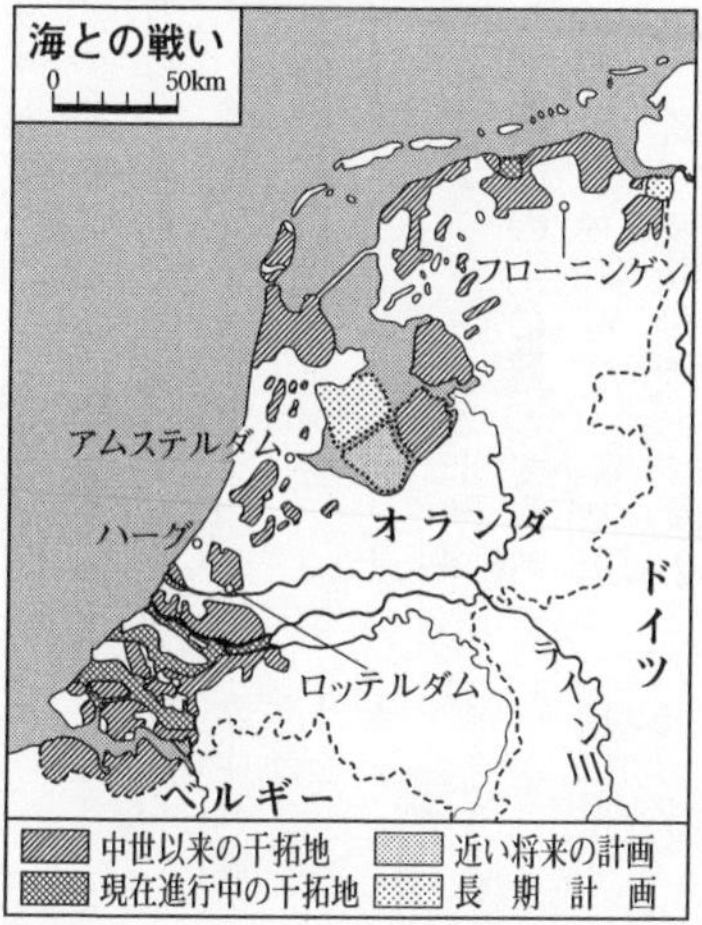

ターヴィーがそのままオランダ人の祖先となるわけではない。

ローマ人達はこの国の低湿地帯について記し、頻発する洪水を避けて、わずかに小高い丘にほそぼそと暮しているバターヴィーに同情していたらしいが、事実紀元一世紀頃のオランダを地図で見ると、末期症状のむし歯のように、海岸線の細い砂丘と東半分のやや高い地域とを残して、真中の部分は湿地と湖沼と、それらをつなぐ無数の河しかなく、運河による排水の設備がなければ人の住めない地域が実に国土の半分を占めていた。西暦一二〇〇年頃には、海面より低い南北ホラント州の居住可能な地域はかなり増加したものの、北海の荒波は内陸部まで浸入してザイデル海（南の海の意。現在のエイセル湖）を作り、また南から襲った波は海岸線を破壊して現在のデルタ地帯を洗い去った。このようにオランダ人の水との戦いは一刻の油断も許されず、一進一退を繰返していた。ヨーロッパ有数の大都市であるアムステルダムでさえ、アムステル河とエイ河との合流点のじめじめした場所から生れた。地盤はどこもずぶずぶで、二メートル掘ればすぐ水が湧き出た。これを中心に半円形の運河を掘り、次第に大きな同心の半円を描くように町はでき上っていったが、アムステルダムの全家屋が当時水中に深く打ち込まれた棒杭の上に建っていたことは当時の俗謡からも知られる。

アムステルダムは大都会だが
杭棒の上に建っている。
もしも町がひっくり返った日には
誰が支払いをしてくれるだろう?

なかなか「北方のヴェニス」などという、風流なことではなかった。
もっともここで水の否定的側面だけを強調するのは不公平であろう。のちのオランダの発展の一つの契機として、水運の発達を挙げておかねばなるまい。当時の北ドイツとネーデルラントの交通は、波の荒い北海を経由するよりも四通八達の河川を利用することが多く、北海と並んでザイデル海は中世の交通上重要だったのである。そしてこの無数の水路は、当時まだ未整備の道路に代って、オランダ国内の交通や取引に役立っていたことを忘れてはならない。水運が今でもオランダの交通に重きをなすことを示す風景はいくらでもある。運河に陸のハイウェイと同じ「一時停止」や「右折禁止」などのサインがあるのは当然としても、逆に船の用語がハイウェイに使われる例すらある。「対向車」を意味するテーヘンリッヘルということばは、もと「対向船」を意味したものである。ヴェニスはいざ知らず、航海用語が陸に生き残った例はヨーロッパの他の国に見られない。

水の問題に劣らず重要だったのは、周囲の異民族の問題である。現在のオランダの最高地点が海抜僅かに三二一メートル、最低点は海面下六メートルであり、全土地のうち低地が約四五パーセント、台地約五三パーセント、山地約二パーセントという地形は、隣接地方との交流に便利であると共に、侵略に対しては誠に防ぎにくい地形であった。もっともバターヴィー達は、タキトゥスの『ゲルマーニア』などに現われる限りでは、近隣諸部族に対して優越を誇っていたらしいが、すでに中世初期から国家としての統一を示しているフランスやイギリスはすぐ近くにあり、また中世以来離合集散をくり返している神聖ローマ帝国以来のドイツ各地の争いにも、しばしば巻き込まれた。十五世紀中葉にはブルゴーニュ公国が独仏国境からネーデルラントに進出し、外来の征服者のもとで国家統一への気運が次第に芽ばえたことは重要である。とくに南部ネーデルラントのフランドル地方には毛織物工業が興り、当時のヨーロッパの商業の一大中心となりつつあった。政治・経済・文化のいずれの分野においても、まず南部ネーデルラントが発展し、それから北部に波及するのが常で、南部では多くの神秘思想家が出たが、北部のロッテルダムに生れたエラスムスは、この国のみならずヨーロッパ有数のヒューマニスト（人文学者）であり、十五世紀後半から十六世紀初めにかけて各地で活躍し、宗教改革の初期には新旧両派から期待をかけられた程であった。

学芸の発達と共に見逃すことが出来ないのは印刷術の発達であり、北部のハールレムで一四二三年に金属活字を使った印刷術を発明したラウレンス＝ヤンスゾーン＝コステルが、有名なグーテンベルクより十五年早いという説が有力である。ヨーロッパで一五〇〇年以前に発行された活字本をインキュナビュラ（incunabula）と呼ぶが、このうちネーデルラントで発行されたものが全体の約八パーセントを占めたといわれ、その文運のさかんなことを反映している。したがってこの地方は、政治的には周囲の大国に従属しながらも、やがて飛躍を遂げる素地を充分持っていたものということができる。

オランダの支配権は十五世紀末にブルゴーニュ家からその姻戚のハプスブルク家に移り、さらにこの家系はスペインの王族との縁つづきにもなったため、カルロス（カール五世）の代にはスペイン王と神聖ローマ皇帝とを兼ねるに至り、ネーデルラントはなおもその植民地であり続けた。カール五世は一五五六年の退位にあたって、王国を子供達に分けた。その結果、スペイン王の位についたフェリペ二世がネーデルラントを植民地として受け継いだのである。カール五世の統治はネーデルラント固有の法や慣習を尊重し、地元の貴族達との協調を第一としたので、かなりの重税を課したり圧政を行なったりしたにもかかわらず、それほどの破綻は見られなかったが、次のフェリペ二世の時代には事情が全く変った。父がネーデルラントの貴族達を重んじたのと対蹠的に、彼はスペインの貴族を重んじて、植民地の貴族を軽蔑した。折からヨーロッパ全土に高まっていた宗教改革の嵐は、ローマ教会と旧教を奉じる南ヨーロッパ系の君主達を硬化させつつあったが、フェリペ二世は旧教の保護者を以て自任し、これら諸国の盟主としての立場から、国内のみならず、植民地ネーデルラントにおいても異端審問を厳しく行なった。さらにスペイン本国の財政難を救うために、植民地の住民に重税を課したので、彼等はスペインの圧政を深く怨むようになった。オランダの三州（ホラント、ゼーラント、ユトレヒト）の総督オラニエ公ウィルレムを中心とするネーデルラント南部の大貴族や、農村の下級貴族達が、異端迫害の中止を請願したのもこのためである。

オランダの現在の王室はオラニエ＝ナッサウ家と呼ばれる。ナッサウはドイツの貴族であり、その各地に散在する広大な領地の一つに南フランスのオランジュがあった。この方の流れを汲むのがオラニエ家で、ウィルレム一世の時カール五世の信任を受け、一五五五年にオランダ三州の総督に任ぜられたのである。オラニエ家は、その名のごとくオレンジ色の旗を王室のしるしにしている。ウィルレム一世は「沈黙屋」のあだ名で知られる通り、感情を面にあらわさず、沈着でしかも機を見るに敏であった。ドイツの詩人であり歴史家でもあったフリードリヒ＝シラーは『オランダ独立史』の中で、この人物の性格描写に多くの筆を割き、カール五世の薫陶を受けたウィルレムが、カールの実子であるフェリペよりも帝王学をよく身につけ、やがて両者が宿命のライバルとなるいきさつを詳しく書き、「わが子のためにみごとな花を植えたとき、その花を咬みきる虫をいっしょに育てたことは、皇帝にとっての不幸であった」と記しているのは、いささか劇的すぎる気もするが、あり得ることと思われる。ウィルレム一世と行動を共にした貴族としては、エフモント伯、ホールン伯などが知られる。

一方、中小貴族や商人達もこれに呼応してスペイン専制緩和のための請願書を提出したし、さらに、当時ネーデルラント北部に急速に広まりつつあったカルヴァン派の市民達と提携し、みずからを乞食党（ホイゼン）と称した。これはもともとスペインから派遣された総督の側近が請願に来たネーデルラントの中小貴族達を、「たかが乞食のむれにすぎない」とののしったのが事の起りだとされる。が、今やスペインに抵抗する決意を固めた彼等は、それを自分達のよび名とした。森乞食党《ボスホイゼン》、海乞食党《ワーテルホイゼン》などがあるが、とくにゼーラントに主力をおく海乞食党の活躍はめざましく、一五六六年にオランダ全土のカトリック教会を襲って聖像破壊運動を展開したのである。この暴動の鎮圧を名目として、フェリペ二世は強硬派として有名なアルバ公を総司令官に任命してブリュッセルに送り、暴動の首謀者や宗教の異端者を処刑させた。エフモント伯、ホールン伯の処刑は一五六八年六月に行なわれ、ことに、国民的英雄の観があった前者の死は、オランダの民衆に深い衝撃を与えた。文豪ゲーテの史劇『エグモント』や、ベートーヴェンの同じ名の序曲などは、よく人に知られている。これらの高圧的な処置は、本来叛骨の気風に富むオランダ人を萎縮させるどころかますます激昂させ、抵抗は次第にスペインからの独立戦争と宗教戦争の性格を帯び、八十年戦争の幕は切って落されたのである。アルバ公の圧政を逃れてドイツに亡命していたオラニエ公ウィルレム一世は、海乞食党と協力して各地でスペイン軍と戦った。

独立軍の足なみは一五七六年十一月に南ネーデルラントのヘント（フランス名ではガン）で結ばれた盟約によって一応定められたが、カトリック教徒が多く、かつ農民を主体とする南部はスペインの政策にかなり協調的であったために、南北ネーデルラントを含むこの統一も、ともすれば乱れがちであった。アルバ公に代った総督パルマ公ファルネーゼはこの点に目をつけて南北の離間を策して効果をあげ、一五七九年一月、南部はアラス同盟を結んでスペイン国王に帰順し、一方北部七州とフランドル、ブラバントの諸都市は徹底抗戦を誓って、直ちにユトレヒト同盟を結んだ。このようにして新教勢力の強い北部七州（ホラント、ゼーラント、ユトレヒト、ヘルデルラント、オーフェルエイセル、フロニンゲン、フリースラント）が独立戦争の中核となったのであるが、これこそそのちのオランダの主要部分をなす地域である。

その後の十年間は独立軍にとって苦難の時代で、はじめはフランスに、のちにはイギリスのエリザベス女王に援助を要請し、女王は一五八五年冬、腹心のレスター伯を派遣したが、総督に推戴された伯は、ネーデルラントの実状を無視してイギリス同様の中央集権化をおし進めようとしたため不評を買い、その六年後にイギリスに召還された。しかし、この頃イギリスがスペインの無敵艦隊に対して勝利を得たことは、大いにネーデルラント国民を奮起させ、彼等は今や大国に頼らずに独立を達成する決意を固め、ネーデルラント連邦共和国を成立させた。ホラント州議会の法律顧問（事実上の総理大臣）であったヨハン＝ファン＝オルデンバルネフェルトはネーデルラント連邦議会を強力に指導し、英仏両国と不即不離の関係を保ちながら、独立国ネーデルラントの地位を列強に認めさせるのに成功した。この間に独立戦争の指導者であったウィルレムは一五八四年にデルフトで刺客の手にたおれたが、その子マウリッツは北部七州の都督として、すぐれた軍事的手腕を発揮した。

しかし、卓越した指導者であり、また包容力もあったウィルレムの在世中にはかろうじて調和を保っていた、オラニエ家と自由主義的な都市貴族との間の対立が、マウリッツの代になってから、次第に表面にあらわれたことは注目に値する。さきに述べた法律顧問オルデンバルネフェルトは後者の代表であり、彼等はオランダの伝統に従い、オラニエ公に過大の権力を渡すことにあまり賛成でなかった。そしてこの両派の勢力争いにはカルヴィニズムの教義をめぐるホマルス派とアルミニウス派の対立もむすびつき、正統派の立場をとる前者はオラニエ公派と、また比較的寛容な立場をとる多数派の後者は都市貴族のグループと提携した。この対立はのちに独立戦争の末期に及んでますます激化し、一六一八年のクーデターを招いたのみならず、オランダの国内不安の一つの原因となるのである。

さてこのような烈しい攻防戦を通じて破壊のはなはだしかったアントワープなどの——とくに新教徒の——商工業者は、大挙して北部の諸都市、ことにアムステルダムに移住し、一五七〇年代のアムステルダムにおける南部出身者は一〇・九パーセントであったのに対して、八〇年代には実に四四・二パーセントを占めたといわれる。一五八五年にアントワープが陥落したことを考えれば、この激増ぶりは当然であるといえる。またスペインやポルトガルにおける異端審問がきびしさを増すと共に、これら両国に住むユダヤ人は一五八〇年頃から迫害を逃れてネーデルラントに移住し、これまた主としてアムステルダムに住み着いた。彼等からの資金の融通の便を喜ぶ市当局はユダヤ人を受け入れ、一五九七年には最初のユダヤ人教会（シナゴーグ）を建てることを許可したのである。彼等の数は一六二六年に八〇〇人、一六五五年に一二〇〇人と伝えられるから、それ程の数ではなかったが、その経済的勢力は侮れないものがあった。ただしユダヤ資本が東西インド会社に流入するようになるのは十八世紀に入ってからであり、独立戦争期には直接の関係はない。

このように多様な民族、宗教、階級などのるつぼとして、アムステルダムはますます国際都市に成長していくのである。イギリス人アンドルー＝マーヴェルは「オランダの性格」という、はなはだ理屈っぽい詩の中でこう歌っている。

こうしてトルコ人、キリスト教徒、
異教徒やユダヤ人のいる、宗派の市場、
分派の根源であるアムステルダム、
あの良心の岸辺は育ったのだ。
そこではどんな奇妙な意見も
信用され、通用せずにはいない。

まったく、この詩人のいう通り、国際都市としての性格がカルヴィニストの排他的情熱を、かなりうすめる結果となったことはたしかであろう。

一方、増加する住民の食糧供給や、ライデンに繁栄しつつあった毛織物積出しの必要は、水運の発達をうながし、十七世紀初頭にはオランダ一国の所有船舶数がヨーロッパ一一ヵ国の総数に匹敵するといわれるようになる。取引先はバルト海沿岸諸国が最も重要で、アムステルダムに集まるその穀物は、この町を西ヨーロッパ一の穀物市場にした。またアントワープから逃げて来た商人達はフランス、スペイン、ポルトガル等との取引関係をもたらし、一五九〇年代には地中海貿易にまで進出するようになった。

人力、財力、技術等の集中に加えて、動力の問題にもふれておかなければならない。こんにちオランダと風車とは切りはなせぬものとされているが、事実そのつながりは古く、かつ深い。ヨーロッパの各地で風車が使われるようになったのは十二世紀頃以来のことで、地中海沿岸から次第に北に広まり、十三世紀には南西風の常に強いオランダで使われるようになった。最初のうちは小麦の粉ひきや、時には油しぼりに使われていたが、十四世紀になると沼地、とくに泥炭を掘ったあとの排水動力に使われ、さらに十六世紀以後には風車のメカニズムの改良によって一層広範囲の動力として、米の脱穀、煙草の製造、羊毛の圧縮、大麻（帆綱の原料となる）をたたくこと、製材、タンニン、染料、セメントの製造など、あらゆる工業の動力として用いられた。これが貿易の急速な発達と共にもたらされる各種の原料や半製品を消化し、さらに新しい需要を生み出した。それればかりではない。風のエネルギーを動力に変える風車のメカニズムは帆船と似たところがあり、風車の羽根に張る帆布、方向固定のための索具や滑車、動力伝達のための心棒や歯車はまた帆船のための不可欠の部品でもあったのである。したがってこの二つは互いに密接な関連を保ちながら発達したのであり、当時のオランダの科学技術の高い水準を示す指標となっていた。

オランダ人が八十年戦争と呼ばれる、長い独立のための闘争を行ないながら海上にも進出を試みていることは、たしかに驚くべきことにはちがいないが、ホイジンガも述べているように、当時の戦争を現代の尺度ではかることは恐らくまちがっているであろう。八十年戦争とはいっても、その間たえまなく戦闘が続いたわけではなく、時々激化する要地の争奪戦のほかは、比較的平穏な日々が続いたとみる方が、真相にちかい。しかも当時の戦争は主として貴族とその職業的傭兵の仕事であり、戦争の最中でも農民や商工業者は平常とそれほど変らぬ経済活動を行なっていたのである。また海乞食党に端を発した海賊行為は、拡大するに従って軍事行動の重要な単位としての艦隊に成長し、これが海上貿易活動の安全を確保しその発達を助ける具合になっていた。まことにゲーテの『ファウスト』にもあるように、「海賊と軍隊と商業とは三位一体」だったのである。

しかも、この独立戦争の全期間を通じ、スペインはネーデルラントの海上貿易に頼らざるをえなかった。スペインは新大陸との貿易に必要とする全ヨーロッパの工業生産物を、主としてネーデルラントやイギリスの商人によって入手していたのであり、新大陸との貿易の死活的重要性からいっても、ネーデルラントの商人との取引は国王の一片の禁令などによって禁圧できるようなものではなかった。したがってスペインはオランダと戦争をしながら、敵に軍資金を提供するような形になっていたのである。

ここで、当時の新大陸貿易を見ることにしよう。すでに大塚久雄氏などの業績によって明らかな通り、北ネーデルラントに繁栄しつつあった毛織物工業は新大陸への輸出産業として最も重要なものであった。それゆえ、この地方の毛織物工業がスペインのそれを圧倒するにつれ、新大陸の豊富な銀はスペインを素通りしてオランダに流入するようになった。そして銀こそは、香料などを目的とする東インド貿易にとって不可欠の商品であったから、オランダの商人達がヨーロッパ各地間の航海貿易の経験を生かして東インド貿易に乗り出そうとしたのは、極めて自然であった。

一方、一五八〇年以後、ポルトガル国王をも兼ねるようになったフェリペ二世は、オランダの商業活動に打撃を与えようとして、オランダ船のリスボン寄港を禁止したが、実際上この禁令は有名無実であったのみならず、すでに芽生えていたオランダ船の東洋への直接進出の気運を、一層刺激したにすぎなかった。

ポルトガルは東インド貿易独占のため、この航路に関する情報を、他国人に対して極秘にしていたが、オランダ人ヤン＝ハイヘン＝ファン＝リンスホーテンは、一五八三年にゴアの大司教の秘書としてインドに渡り、前後六年間の滞在の後、一五九二年に帰国して、その見聞を記した有名な旅行記を一五九五年から九六年にかけて出版した。これはネーデルラント商人達の東インド進出にとって最も貴重な案内書となった。またコルネリス＝ド＝ハウトマンはリスボンにおもむき、東インド航路に関する重要な情報や海図等を集めて一五九二年に帰国した。

次に資金面については、オランダに定住するようになった南部ネーデルラント商人の豊富な資金が最も有力な支えとなり、また一般的な経済情勢の発展が幸いして、さほどの困難もなく資金は調達され、いくつかの航海会社が相次いで設立された。これらは史上にフォール＝コンパニーエン（前期諸会社）と呼ばれる。その最初のものは一五九四年に九人のオランダ商人によって設立された遠国会社（Compagnie van Verre）であった。

さて、東インド進出を試みるにあたって、オランダ商人達が、スペイン・ポルトガル両国の船が今まで利用しなかった新しい航路をとろうとしたのは無理もない。その一つはアジアの北方を経由する航路であり、すでに十六世紀半ば頃にイギリスの艦隊が白海にまで達したあとをうけて、一五九四年にはゼーラントの商人、バルタザール

＝ド＝ムーシュロンほか数名が、ウィルレム一世の保護のもとに北進の航路をとったが、同年および一五九五年、九六年の三回にわたる懸命の努力もむなしく、シベリア北方のノヴァヤ＝ゼムリヤまでしか行くことができず、遂に失敗に終わったのである。こうしてオランダは結局ポルトガルが多年にわたって開拓した喜望峰廻りの航路をそのまま利用する形になったのであり、この航海に関してはすでに充分の情報が集まっていた。

コルネリス＝ド＝ハウトマンの指揮する四隻の艦隊は、オランダの北海に面する外港テクセルを一五九五年四月に出帆し、喜望峰到達の後、インド洋のポルトガル勢力をさけるためマダガスカル島北部からまっすぐ東北東に針路を取り、六〇〇〇キロメートルのインド洋を横断して、スマトラとジャワとの間のスンダ海峡に達し、翌九六年六月二十三日にジャワ西部のバンテン港にいかりをおろした。本国出帆以来十四ヵ月ぶりのことで、オランダにとって最初の東インド航路であった。バンテンにいたポルトガル人がオランダ船の入港に驚いたことは第一章で述べた通りであるが、遠いアジアの一角で会うヨーロッパ人同士には、初めのうちは本国におけるほどの敵対感情が湧かなかったらしい。しかしその親しみある雰囲気も長くは続かなかった。オランダ人達は最初バンテンの人達から歓迎され、貿易の許可を得て商館を開いたが、のちにポルトガル人の中傷や感情の行き違いなどから争乱となり、ハウトマンをはじめ数人が捕虜となって、不名誉にも賠償金を支払った後ようやく釈放される始末であった。彼等がはじめてジャカルタの港に到着したのは同じ年の十一月三日のことであり、見なれぬ船の不意の出現に驚いた住民達はめいめいの住居へ逃れ去ったが、シャーバンダル（港務長官）が船におもむいて歓待されてからあとは、オランダ人をすっかり信用し、米や果物などを船に売りに来た。

バンテンには多数来ていたポルトガル人も、恐らくジャカルタをあまり訪れなかったらしいのは、買うべき品物が何もなかったからであろう。バンテンでの失敗にこりて、ハウトマン等はあまり性急に現地の有力者に接近することをせず、また後者も今までの外来者に対する警戒をゆるめなかったため、貿易のいとぐちは開けなかった。他のジャワ諸港においてもあまり利益をあげずにバリ島まで行き、胡椒等少量の積荷を得て、九七年夏にテクセルに帰り着いた。船隊は四隻のうち一隻を失った上、乗組員二四九人のうち、帰国した者は八九人しかなく、積荷も僅かで、配当等は行なわれない有様であったが、長年待望した東インド貿易が開かれたことは、オランダ人を心から喜ばせた。

この年の末、前述の遠国会社とは別に、アムステルダムに「新航海会社」（Nieuwe

Compagnie van de Vaerte）が設立され、ホラント州議会及び連邦議会から援助を受けていたが、まもなくこの会社はさきの遠国会社と合併された。旧会社（Oude Compagnie）と呼ばれる会社がこれである。したがって九八年初頭にネーデルラントを出帆したヤコブ＝ファン＝ネック（Jacob van Neck）を総指揮官とし、ウェイブラント＝ファン＝ワールウェイクを補佐とする八隻の艦隊は、この旧会社の派遣したものである。ファン＝ネックは快速船三隻を率い、ハウトマンとおなじコースを取って六ヵ月の後にバンテンに到着した。折からポルトガル人と交戦中のバンテン王国に援助の手をさしのべたので、王は大いにオランダ人を歓迎し、三隻の船は大量の胡椒を買取ることが出来た。まもなく後続のファン＝ワールウェイクが率いる五隻の艦隊も到着し、やがて八隻の船は二隊に分かれ、一隊は直ちに帰国して莫大な利潤をもたらしたが、残る一隊はモルッカ諸島まで航海し、テルナテに商館を建てた後、一六〇〇年までには全船成功裡に帰国した。この他、一六〇〇年までに、この旧会社が行なった航海は、四回あったと伝えられる。また、この旧会社は一五九九年に南ネーデルラント出身の商人イザーク＝ル＝メール（Isaac le Maire）等が設立した新ブラバント会社と、翌一六〇〇年に合併して、アムステルダム東インド会社と名を変えた。今までの諸会社と異なり、この会社はアムステルダム市当局から、アムステルダム商人間における東インド貿易独占権を与えられていた。後にオランダ東インド会社が設立される時、この会社はアムステルダムの経済的優越を背景として主流をしめることになる。これに似た形式の会社として、ゼーラント州のミッデルブルフに一六〇〇年に作られたゼーラント会社、ロッテルダムの諸企業、及び一六〇一年に設立されたデルフト会社など、オランダ各地の港に会社が林立するに至った。

その結果、一六〇一年末までに、一五の船隊からなる六五隻の船が東洋に来航し、相互の競争が激化したために、東インド商品の仕入価格は高騰し、逆にヨーロッパにおける販売価格は下落した。連邦議会はすでに一五九八年一月頃からこれらの諸会社を統合する必要があることを示唆している。オラニエ公マウリッツや敏腕の法律顧問ファン＝オルデンバルネフェルトも、会社の統合を意図していたが、これはホラント州と競争相手の立場にあるゼーラント州の商人達に懸念をおこさせたし、また、そもそも航海・貿易の自由はネーデルラントの人々にとって多年の主張であったために、その主張と矛盾するような独占的な会社を設立することについては、かなりの心理的抵抗もあった。それゆえこの計画はかなり難航した末に、遂に一六〇二年三月、連合東インド会社（Vereenighde Oost Indische Compagnie）の設立を見た。特許を受けた植民地経営のための会社として、イギリス東インド会社（一六〇〇年設立）、フランス東インド会社（一六〇四年設立）とともに、世界史上に有名である。この会社はオランダ語での頭文字を取って、V・O・Cという略称で呼ばれることが多く、その三文字を組合わせて、というマークを用いることになった。

スペインやポルトガルの場合、海外貿易はそれぞれの王室の独占事業であった。政治権力者が競争者を排除して独占的に貿易を行なっている例は、これら二国だけでなく、エジプトやローマ帝国、中国の歴代王朝、ムガール帝国など、時代、地域を問わず、方々にその例が見られる。利潤の追求を自己目的とせず、政治権力保持のための手段と見なしているこの経済制度を、まえに述べたファン＝ルールは、マックス＝ウェーバーの言葉を借りて「政治的資本主義」と呼んでいる。この用語について、またスペイン・ポルトガルの貿易方法をもこの中に含めてよいかどうかについて、恐らく異論もありうるであろう。今までのヨーロッパ植民史研究家は、概してスペイン・ポルトガルの貿易形態とその他の貿易形態との間に大きなちがいを読みとろうとして来た。しかし、かりにそのちがいがどれ程大きなものであろうとも、それはオランダ東インド会社の貿易形態とのちがい程大きいものではありえない。この点に関しては、恐らく誰も異論がないであろう。

オランダ東インド会社は世界最初の株式会社であるといわれる。けれども大塚久雄氏の精緻な研究『株式会社発生史論』がみごとに説きあかしているように、この株式会社が成立する背後には中世末期の地中海における航海のための出資形態の、徐々に発達する姿が認められるのである。それればかりではなく、この会社の直接の前身である「フォール＝コンパニーエン」においてさえ、まだ当座企業としての性格を多少残していたことがわかる。オランダより二年早くロンドンに設立されたイギリス東インド会社が、最初の十年ほどの間は多分に当座企業としての性格を残しており、まだ株式会社の実質を備えていないことを見れば、オランダ東インド会社が時代に先んじたものであったことがわかる。

オランダ東インド会社の資本金は約六五〇万グルデンといわれた。イギリス東インド会社の第一回航海のための起債が六万八〇〇〇ポンドであったが、これをかりに一六〇九年頃の率（一ポンド・スターリング＝約七・八グルデン）で換算すれば、約五三万グルデンということになり、オランダの会社の一〇分の一にも足りない額である。

オランダ東インド会社の特許状は全部で四六条、刊本で二〇ページ近くに及ぶ長文のもので、これ以後ヨーロッパ大陸における株式会社の特許状のモデルとなった。大塚氏はこの特許状の新しい点として、

一、取締役及び株主が無限責任制から有限責任制に移行したこと。
二、出資者は間接にでなく、直接に会社に出資することとなり、取締役団の個人的性格が会社企業の中に吸収されたこと。
三、持分としての株式の譲渡が自由になったこと。

等を挙げ、一方、後世の株式会社と比較してまだ未完成な点として、
一、株式の譲渡証書を買手ではなく、会社が所有し、したがってその「証券化」が完全でなかったこと。
二、株式の等額の分割の制度がなく、また確定資本金制度が欠けていたこと。

を挙げている。これらの点については私は全くの素人であるので、批評をさしひかえたい。

さて、十七人会（七〇ページ参照）は特許状の条文に従い、東インドにおける条約の締結、自衛戦争の遂行、要塞の構築、貨幣の鋳造などの権限を与えられていた。そしてこの権限を行使できる地域は「喜望峰の東、マジェラン海峡の西」という、広大なものであった。したがってオランダ東インド会社は、オランダ本国では特許会社にすぎないが、ひとたび喜望峰を廻れば国家にひとしい権力を持つことになる。戦争遂行の権限は主として東洋におけるポルトガル勢力の打破を目的としたもので、植民地

の獲得それ自体を目標とするものではなかったが、今まで単なる貿易会社のイメージに慣れて来たフォール＝コンパニーエンの株主達の中には、この新しい会社の株主となることを躊躇《ちゅうちょ》する者もあったと伝えられる。独立戦争はすでに半ばを過ぎ、英・仏二国の承認を得て事態はオランダに有利に展開していたものの、東インドにおいてあらたな負担を引受けることに危惧の念を感じる者があったのは、当然といえよう。

前にも述べたように、オランダ東インド会社は、フォール＝コンパニーエンが合併したものであり、合併前の諸会社はその規模に応じて、六つの支部の形で存続した。この支部はカーメル（部屋の意味）と呼ばれる。カーメルの所在地はアムステルダム、エンクハイゼン、ホールン（以上が現在の州区分で北ホラント州）、ロッテルダム、デルフト（同じく南ホラント州）、ミッデルブルフ（ゼーラント州、カーメル名はゼーラント）であった。このうちで最も大きかったのは、いうまでもなくアムステルダムで、はるか離れてこれに次ぐのがゼーラントであり、この二つが大カーメルと呼ばれた。取締役団はやはりフォール＝コンパニーエンのそれを引き継ぎ、はじめ七三人から成り、六〇人に減るまで補充しないことにした。興味深いことに、取締役は必ずしも大株主であることを必要とせず、むしろ身分のようなものとして考えられがちであったという。

定員六〇人の取締役団の上に「十七人会」(Heeren XVII) と呼ばれる重役会が置かれ、各カーメルの出資金額に応じて、アムステルダム八人、ゼーラント四人、あとの四カーメルから一人ずつ、及び、アムステルダム以外のカーメルのグループから輪番で一人ずつという構成になっていた。会議は年三回開かれ、開催地は数年毎に移動するように定められていたが、アムステルダムで開催される機会が圧倒的に多かった。アムステルダムのカーメルはその最大の敵手であるゼーラントのカーメルを、十七人会でも取締役団でも圧していた。また十七人会も取締役会もはなはだ専制主義的で、会社の経理内容を一切公開せず、配当なども利潤の高低とは全く無関係に、恣意的に決定したりして、しばしば中小株主達の怒りを買っているが、以後二百年の会社存続期間中、遂に大した改革は行なわれなかった。

会社内部におけるこのような (具体的にはアムステルダム＝カーメル出身の取締役による) 専制的支配の様相は、大塚氏によればオランダの連邦議会におけるホラント州議会の優越を反映し、アムステルダムの少数の商業資本家が連邦議会を支配したことと軌を一にする。そしてオランダ東インド会社こそ彼等にとっての乳牛であった、とするのが大塚氏の説であり、その論旨ははなはだ明快である。私もこれに異論はないが、ただ、この説は以後二世紀に及ぶ会社の在り方を見てはじめて納得できる結論であって、「停滞性がすでに草創期の会社に内在していた」という意見には必ずしも賛成ではない。問題はこれ程の飛躍を遂げたオランダの、またオランダ東インド会社の、これに続く世紀における驚くべき停滞にあるであろう。これについては以下の章で次第に述べることにする。

三　征服者クーン

一五八〇年にスペインとポルトガルが共通の王を戴くことになったいきさつは、すでに何回か述べたが、オランダがおくればせながら海洋に乗出していくに際して自然にとった方針は、一つはこの連合王国の勢力の及んでいない所を、またもう一つはそのアキレス腱をねらうことであった。すでにスペインの征服者達が多く入り込んでいる中南米より北アメリカに力を注いだのは第一の例であり、強大な海軍力を持ったスペインの根拠地であるメキシコやフィリピンをさけて、ポルトガルがほそぼそと守るマラッカ、ブラジルをねらったのは第二の例といえよう。

マラッカの包囲と香料諸島への進出は、オランダの東洋来航のごく初期から試みられている。この場合にオランダにとっての同盟者は、ポルトガルと事毎に利害相反するアチェーであり、またポルトガルのマラッカ占領によって火の消えたようなさびれ方をしている、対岸スマトラの諸港であった。

マラッカもむろん重要には違いないが、オランダ東インド会社の苦心は、マラッカを骨抜きにし、あわよくばこれを奪うことを考えると同時に、これを凌《しの》ぐような会社のための根拠地を獲得することにあった。当時の記録を詳しく見ていると、まるでアポロ計画のように、ランデヴーという言葉が続出するが、これは「出逢い貿易地」の意味である。マラッカにまさる出逢い地は当時ないはずであるのに、いや、ないからこそ、オランダの根拠地探しは現在の繁栄の確認ではなくて将来の可能性の予測でなければならず、その候補地探しは委細をつくし、慎重をきわめた。一六〇三年にポルトガル人を追払って建設した西部ジャワのバンテンの商館をはじめ、グレシク（東部ジャワ）、ジョホール、パタニ（マライ半島）、マカッサル（スラウェシ）、ジャカトラ（現在のジャカルタ）、ジェパラ（中部ジャワ）、さらにインド東岸のマスリパトナム、西岸のスラットなど、各地に設けられた商館は、当初は出逢い貿易の可能性をはかる探知器にすぎなかった。当時最も有力な候補地と考えられたのは、バンテンと、マライ半島東岸のパタニであり、また直接香料諸島に根拠地を持つ案も有力であった。やがて一番重要な根拠地となるべきジャカルタは、まだあまり人々の注目をひかなかったのである。

さて、ポルトガルやスペインの香料諸島への強い関心を、オランダ人が黙って見ているはずはない。さきに述べたような各地の商館の建設と共に、香料諸島への進出もいちはやく試みられた。オランダが最初に目をつけたのは、ポルトガルやスペインの利害が錯綜するモルッカ諸島北部より、むしろそのはるか南にあるアンボンであった。ステーフェン＝ファン＝デル＝ハーヘンの率いる船隊が、この島をポルトガル人から奪ったのは一六〇五年のことであり、これは会社が東インドで獲得した最初の領土となった。これについでモルッカのティドーレ島からもポルトガル人を追い払ったが、ふたたびスペイン人に奪い返され、この島とテルナテとをめぐって、しばらくオランダと南欧両国との間に戦いが続くのである。しかし、原住民達はポルトガルの一方的な香料買い付けの方式を嫌い、その上ポルトガル人のキリスト教布教に対する反感もあって彼等を憎んでおり、オランダのこの地域における滑り出しはまず好調であったということができよう。ただしさきにも述べたように、香料諸島は衣食がいつも不足がちであるなどの理由から、一国の貿易遂行のための大根拠地としてはどうしても不適当であった。一六一二年に出た中国明代の張燮《ちょうしょう》の地理書『東西洋考』に「オランダ人はモルッカを支配しているとはいうものの、一、二年毎に人々は国へ帰る。帰ったかと思うとまたやって来る」と書いてある。まだ適当な根拠地を見出しえないでいるオランダ船の様子が目に見えるようである。

ポルトガル人とアジア人との間の貿易の主導権が、武力によって争われ、少なくとも当初の間はポルトガル人が優勢であったことを我々は既に見たが、新来のオランダ人とポルトガル人との競争はどうであったろうか。オランダ船はポルトガル船より小さくて軽く、したがって船足が速く、しかもその割に大きな大砲を積み、とくに遠距離での海戦に長じていた。また陸戦においてもオランダ人の方が概して団結がよく、規律を守っていたのに対し、ポルトガル人は著しく秩序を失っていた。さきに述べたようなポルトガル植民地における外人部隊の急増ぶりを考えれば、このことは当然といえる。

さらにオランダとポルトガルとのちがいは貿易の形式にも現われている。ポルトガルの東洋貿易は王室の独占貿易であったことはすでに述べたが、これは本国の複雑な階級制度がそのままアジアに持ち込まれることを意味した。したがってポルトガルの各根拠地の長官（カピタン）はゴアの副王（または総督）に服し、副王は本国の国王に服していた。もっとも各地のカピタンはやがてゴアの副王を経ないで直接本国の指令を仰ぐようになり、その命令系統はしばしば混乱するのであるが、少なくとも理論的にはその上下関係は強固なものであった。そして、さらに重要なのは、封建的な遺制がかなり色濃く残っているポルトガルにおいては、官僚制における階級関係がそのまま身分関係でもあったことである。したがって官吏の任命に当って貴族は容易に高い地位に昇進でき、また法律に触れるような行為をした場合にも、貴族や僧侶は見逃される場合が多く、法の適用は一貫性を欠いていた。そして、本国の場合と同様、賄賂、情実、姻戚関係等による不公正な就職や便宜供与が一般的であった。

オランダの場合、ポルトガルとすべての点で違っていた、といってはうそになる。都市貴族の優越や商業ブルジョアジーの強大な点で、オランダもまたイギリスなどにくらべれば近代化のおくれる原因をいくつも内包していたことは、どの西洋経済史の概説にも書いてある通りで、ポルトガルの場合と同様な不正や腐敗は、ことに時代が下る程多くなる。しかし、前の章に述べたように、株式会社による貿易は、ヨーロッパのみならずアジアにおいても、やはりポルトガルといろいろな点で違っていた。まず動機の相違があげられよう。「胡椒とキリスト教徒」というポルトガル人の二大動機のうち、後半分はかすんでしまう。プロテスタント諸派がヨーロッパ内での勢力争いに忙殺されていて、カトリック諸派のようにアジアでの布教に乗出す余裕がなかったという事情もたしかにあろうが、オランダの場合にはキリスト教の布教という目的は初めから欠けていたといってよい。宗教への情熱はなかった代りに、利潤への情熱はそれを補ってあまりあったのである。スウェーデン王カール十世（在位一六五四―一六六〇）が信教の自由について語るオランダの使節に対して、ポケットから銀貨を一枚出して、「これが君等の宗教だ」といったという有名なエピソードがあるが、十七世紀初期のアフリカのギニア原住民もオランダの貿易商人に向って「金《きん》があなた達の神様だね」と言っている。衆目の一致するところであろう。これらの逸話は、オランダ東インド会社が利潤追求を目的とする集団であることを端的に示すものであった。

すでに見たように、オランダ東インド会社職員の統率者は一人の君主ではなく、十七人会であった。今でも厖大な量で残っているオランダ東インド植民地文書の中で「主人」といえば常に十七人会をさし、東インド総督といえどもみずからを「会社の召使」と呼んでいるのである。

召使であるからには、じっと雛段《ひなだん》に坐っているのでなく、仕事をするのが本筋でなければならない。事実、もしオランダ植民地文書の語句索引を作るとしたら「会社の利益となるように」、「会社の損害を最小限に喰いとめるために」という表現が恐らく一番多いことになるであろう。商売ほどその結果がはっきり数字に現われるものはなく、またオランダ人ほど数字に関心の深い国民も少ない。マックス＝ウェーバーが『プロテスタンティズムの倫理と資本主義の精神』の中で使っている「数のロマン主義傾向」（Zahlenromantik）という言葉が、最もよく彼等の気持を表わすのではなかろうか。それゆえ、下級商務員が上級商務員に、商館長が総督に昇進するのも——ひとえにとはいわぬまでも——主として会社の利益への貢献の度合による。会社幹部との個人的な縁故はこれを促進することはあっても、決定的な影響力をもつことは少ない。

もっとも、集団としての利潤への関心の大きさは、当然これにたずさわる個人の場合にもいえるのであって、ことに給料が決して充分とはいえない下級職員の場合、これを補う形で私貿易をひそかに行なうようになる。独占貿易を立て前とする会社にとって、この私貿易ほど頭の痛い問題はなく、時代が下れば下る程、私貿易は階級の上下を問わず公然の秘密となり、会社職員全体にひろがる悪弊となるのである。しかし何事も比較の問題であって、とくに十七世紀初期においては、ポルトガルの腐敗ぶりにくらべてはるかにましであったということができよう。

前に触れたように、もともと航海貿易の自由を唱えるのがネーデルラントの民の伝統であったために、どうしてもオランダ東インド会社の独占貿易のシステムに満足できない人々は、会社設立後のオランダ国内にも決して少なくなかった。一六〇六年頃からの西インド貿易の開拓に当って東インド会社とはちがった形の、もっと民主的な構成を望んでいたウィルレム＝ウセリンクス（Willem Usselincx）などの例は、大塚氏がすでに指摘されたところであるが、さきに新ブラバント会社を一五九九年に設立したイザーク＝ル＝メールも、十七人会の一人でありながら独占貿易のあり方に不満を感じ、持株を売却して脱退し、フランスと共に画策してオランダ東インド会社と競争しようとした。これに失敗すると、今度は一六一五年に、南アメリカの南端ホーン岬を廻る新しい航路を開いて東インド会社に対抗しようとした。これは会社の特許状に「喜望峰の東、マジェラン海峡の西」とある一項を楯に取って、マジェラン海峡以外の地点で太平洋に出る航海は対象外であるという解釈に基づいたものであったが、これも会社の妨害によって挫折したので、その後は正面切って会社の独占体制に挑戦するオランダ人は出なくなった。なお、ホーン岬という名はこの時の船長スハウテンの故郷の町ホールンにちなんだものといわれる。

しかし、オランダ東インド会社にとって最大の悩みは、何といっても同国人よりは、他のヨーロッパ諸国との競争であった。

この間にもヨーロッパではオランダの独立のための戦いが、延々と続いており、平和の成立する望みは当分なさそうに思われたが、遂にフランス、イギリスの仲裁により、一六〇九年にアントワープにおいて十二年間の休戦条約が成立し、オランダは事実上独立を承認されたのみならず、苦心の結果ポルトガル及びスペインから奪った海外領土を、ことごとく保証されることになった。これはオランダの輝かしい外交上の勝利といってよい。しかしスペインはヨーロッパにおける戦乱がしずまると、オランダ本国への反攻はあきらめながらも、海外領土の捲きかえしに全力をつくし、あわやモルッカ諸島を奪回する勢いを示した。したがって東洋の海陸においては、十二年の休戦は有名無実だったといってよい。

しかもスペイン、ポルトガルだけではない。あらたに東洋に進出して来たイギリスの活動もあなどりがたいものがある。前にも述べた通り、イギリス東インド会社の設立は年代からいえばオランダより二年早いが、実際に海上に進出したのはオランダの方が数年先んじている。またオランダの場合のように明確な組織を持たず、全株主が個々の航海の度毎に当座企業のような形で別々に出資したもので、八回の航海を終わる一六〇〇年から一六一三年に至るまでの間は、まだ会社の名に値しないものであった。そして一六一三年のイギリス東インド会社の全資本額は空前といわれる四一万八六九一ポンドに達したのであるが、前の章にあげた換算法によれば、これでさえ三二七万グルデン程にすぎず、設立時のオランダ東インド会社の総資本の約半分にしかならない。しかし、イギリス東インド会社を支えるものは、エリザベス女王の治世下に急速に力をたくわえつつある海軍力であった。この時期のヨーロッパ諸国の海外発展史上に、本国の国力が占めた役割を無視するわけにはいかない。ポルトガル本国がスペインの圧力に悩んだのと同じく、オランダは東南アジア水域におけるイギリスへの優越を、しばしばヨーロッパにおいて逆転されている。さて、イギリス船はオランダ船のおもむく所にはどこまでもついていって分け前にあずかろうとし、オランダ人は「まるで馬あぶのようだ」といって、これを嫌っている。馬あぶのようにうるさいのはお互いさまであったろうが、スペインとポルトガルを公然の敵としているオランダにとって、ともかくもイギリスは独立戦争のためのえがたい盟友であり、それだけに一層微妙な立場であった。当時の会社職員の手紙や報告ではしきりにイギリス人のことを「偽りの友人」と呼んでいる。親切ごかしに利益をかすめ取る者の意味であったことは、いうまでもない。

この容易ならぬ危機に直面したオランダ東インド会社の首脳部は、出先における指揮系統の混乱を防ぐために、「総督」の制度を定め、一六〇九年に初代総督ピーテル＝ボートを任命した。東インドにおもむく彼を待ちかまえていたのはおよそあらゆる種類の内憂外患であった。

この頃会社首脳部は、東インド各地の君主達と友好条約を結ぶように、という指令を会社の艦隊の指揮官に与えており、もちろんジャカルタもその諸君主のうちに数えられていた。船隊指揮官フェルフーフェンは渋るジャカルタと交渉を開こうとして部下のレルミットを遣わし、レルミットは幸運にも交渉に成功して一六一〇年に条約を結び、五〇尋《ファデム》（一ファデムは一・六九―一・八八メートルぐらい）四方の土地を譲り受けて、商館と商品貯蔵用の倉庫を建てる許可を得たのである。そして「スペイン人にせよ、ポルトガル人にせよ、または他国人にせよ、ジャカルタの町に悪意を抱き、またジャカルタの王国と事を構える場合には、ジャカルタにいるオランダ人は船ともどもこの町を助ける」という約束をした。貿易についても詳しいとりきめを行ない、胡椒の買入れの際には商品の重さの五パーセントの価格を関税として、また同じく五パーセントを王に支払い、その評価額は市価に従うものとされた。白檀《びゃくだん》、ニクズク、メイス、チョウジその他の商品についても、五パーセントの関税を払うことが定められた。オランダ人が絹織物など中国産の商品を買込む場合には関税を払わなくてよく、またオランダ船がジャカルタに持込む商品についても関税は徴収されないなど、いろいろこまかい規則が定められている。オランダ人はジャカルタの町に住むことを許され、彼等が附近の島に木材を運んで船を造るのを、王は妨げてはならないことになった。その他個人的な負債や紛争の生じた場合の解決法など、はじめての条約にしては委細をつくしていて、さすがは国際法のグロティウスを生んだ国柄だと感心させられる。オランダ人はこの町がのちの植民地経営の根拠地になろうとは当時まだ思わなかったらしい。はじめオランダ人がジャカラタと呼んだ町の名は、のちにもとのtとrが入れかわってジャカトラと発音されるようになり、日本でこれがさらになまって「じゃがたら」と呼ばれたことは、ご承知のとおりである。ただしこの協定から十年ほど後に、この町はバタヴィアと改称されるのである。

条約のことにふれたついでに、ここでちょっとオランダ東インド会社の基礎的な史料について述べておこう。第二章に出たリンスホーテンの『東方案内記』やハウトマンの航海記などは別として、東インド会社になってからの公式報告や書簡のようなものが、系統的に保存されるようになるのは、大体この時期からである。一六一四年からは、東インド総督が毎年本国に宛てて送った報告を主とする「到着文書」が丁寧に保存されており、一七九四年、つまりオランダ東インド会社解散の五年前までの二百年近くの間、一年も欠けずに残っている。羊皮紙で装幀した新聞半ページ大ぐらいの大判帳簿で合計約三〇〇〇冊。一冊は平均一〇センチから一五センチメートルの厚さになるから、その古文書の分量は気が遠くなる程のものである。しかも「到着文書」がある一方、本国からの「発送文書」がある、数十に及ぶ各地商館の日記がある、それら相互の間の書簡があるという具合で、オランダの東インド植民史に関する限り、最大の悩みは史料が乏しいことではなく、逆に多すぎることである。この植民地文書の大部分はオランダのハーグにある国立文書館にあり、またジャカルタにあるインドネシア国立文書館にも植民地時代の文書が今なお収められている。ハーグ文書館の分は、よほど損傷のひどい文書を除けば、自由に閲覧を許されているが、インドネシア文書館は利用に際して許可を必要とする。

総督ボートは他のヨーロッパ諸国との勢力争いに力をつくしたが、その努力にもかかわらず、事情はなかなか好転しなかった。その上彼の乗船は一六一四年に帰国の途中で難破し、総督は不慮の死を遂げたので、アムステルダムの商人ヘラルト＝レインスト（Gerard Reynst）が、第二代の総督に就任した。彼は在任期間も短く、この頃の歴代総督中、最も影のうすい人物であるが、彼のもとで、事務総長（Directeur Generael）に就任したのは当時二七歳のヤン＝ピーテルスゾーン＝クーンという男であった。のちにオランダの東インド経営の基礎を固め、しばしばポルトガルのアルブケルケやイギリスのクライヴと比較されるクーンは、オランダのホールンに生れ、一三歳の時にローマに行って、フランドル商人の会社のために七年間商業見習いをつとめ、ラテン語をはじめ各国語を修得した。彼が東インドに初めて渡ったのは一六〇七年であり、一六一一年に一旦帰国し、第二回目は二船の司令官として翌一六一二年に出帆して東インドにおもむいたのである。したがって事務総長への就任は第二回渡航の僅か二年後のことであり、この急速な昇進は順調という以上のものである。彼の生地ホールンは、小さいとはいえ連合東インド会社のカーメルの所在地であったが、クーンの父親は近くの寒村から身を起して、一代で産をなしたらしいから、それ程有力なバックを持っていたとは考えられず、恐らく彼自身の才能や識見がものを言ったことは否定出来まい。ここで彼の人物を考えてみることも、これ以後のインドネシアの運命と恐らく無縁ではあるまい。

オランダ人についてしばしば、経済観念が発達している、悪くいえばケチだという風評が聞かれる。ここにいう経済観念とは、金をもうけることよりも、むしろある金をいかに大切につかうかという面、つまり攻勢よりは守勢の方に重きがおかれる。オランダ人にいわせれば、攻勢の方の経済観念は断然ユダヤ人の方がうわ手で、とてもかなわぬ、ということになる。ところで、クーンがユダヤ人であったとする説がある。国民的英雄とされた人物だから、むりにでもオランダ人だといいたいはずなのに、ユダヤ人説があることは誠に興味深い。もちろんこの説の真偽のほどはわからないが、これはクーンの商才が普通のオランダ人の水準を抜くものであったことを物語るであろう。しかしこれは天賦の才能ということもあろうが、七年間のローマ滞在が彼に与えた影響も、見のがすことができない。当時のイタリアには多数のオランダ人が滞在し、取引の技術のうちで、とくにオランダがおくれている簿記の方法を学んだと伝えられる。クーンもその修業に来たことは疑いないが、彼がイタリアから学んだものは、もちろん商業や簿記ばかりではなかったのである。近世におけるイタリア内の諸小国の烈しい勢力争い、また王権と教権との争い、さらに地中海における商業資本の競争など、適者生存のための苛酷な争いだけならば、当時独立戦争の途上にあり、また東洋での貿易上の競争に参加しつつあるオランダにとって、無縁なものではなかったはずであるが、地中海世界の生存競争は北辺の武骨者の国よりも、年期を経て一層洗練され、また一層酷薄にもなっていた。俗にいう「人ずれ」していたのである。「先んずれば人を制す」というが、クーンにそなわって他の多くのオランダ人に欠けていたのは、まさに人を制する才能であった。それに頭の廻転の早さ、勝負のカン、血を好む趣味、しかも要所要所で大向うをうならせる名セリフを吐いたりする演技力などは、どう見てもイタリア仕込みのものである。これは決して私の勝手な解釈ではない。彼はしばしば後世の人から「マキァヴェリズムの権化《ごんげ》」と評されるのみならず、同じ時代の彼の論敵の一人も、皮肉たっぷりに「クーンは完全にイタリア人のやり口を身につけている」といっている。時代の要求する「有能な独裁者」の条件に、彼ほどぴったりの男はなかった。

事務総長に就任早々のクーンは過去数年の経験に照らして、東インドにおけるオランダの貿易をいかにおし進めるかについての意見書を、オランダ本国の会社重役達にあてて送った。「書く」ことに異常な関心を示すオランダ人の中でも、クーンは最も筆まめな一人であり、現在活字本になっている彼の往復書簡集は大冊で七巻に及ぶ彪大なものであるが、この意見書はその中でも一番早い時期に属する。のみならず、のちの彼の政策の萌芽は活字本で二三ページにも及ぶこの長い意見書の中に、すでに充分に読みとることが出来る。全体は一三項目に分かれ、当面の敵であるスペイン、ポルトガルの兵力、イギリスとの関係、香料諸島の現状、陸上・海上での戦略等について詳しく論じた後、今後とるべき方法について進言しているのである。

さきにも述べたように、クーンが最も信奉し、また必要としたものは「実力」であった。この意見書の中に「東インドの原住民は最も強い者と交わる。ここでは最強の者が正しい」とか、また「この地方では皆風のままになびく。最強の者は彼等の最良の友である」などと記してあるのも、彼のいつわらぬ心境であったろう。しかし、どうすればこれらのヨーロッパ諸国の、またアジア諸地域の競争者達を排除することが出来るだろうか。それにはまずオランダ人の絶対数をふやさねばならない。多数の人員を乗せた強力な艦隊を年々東インドに送って、植民地を建設することを、本国において決定してほしい。これのみが競争者を撃退する唯一の手段である。しかも兵士を送るだけではいけない。男女及び子供を送ってほしい。そしてこれを統轄する自由な、また合理的な市民政策のもとに、会社の独占を侵害しないような形での植民地を建設することを、彼は提案するのである。彼が市民または自由市民と呼んでいるのは、オランダ人であるが東インド会社職員ではないものをさすのであって、独占の特許を受けた会社の繁栄よりも、むしろ国家としてのオランダの繁栄に彼の意識が向けられていることは、注目してよい。

会社の職員以外のオランダ人の東インド定住者を得ることによって、オランダの貿易はどのように変るか。クーンによれば、まず会社の武力の負担が少なくなる。なぜならオランダは動く船の代りに、動かぬ大地を根拠地とすることになるからである。そして会社職員は戦闘ばかりでなく、必要な場合には貿易にも従事することが出来る。またおよそ人間は自己の利害には敏感だから、自由市民達は自分の獲得したものを用心深く守るだろうし、それを必要な時には会社のために役立てることも出来よう、というのが彼の考えであった。したがってここでは自由市民は会社の独占貿易を侵害する者としてではなく、むしろ会社の尖兵の役を果す者として考えられているのである。「市民のものは会社のもの、会社のものは会社のもの」というわけであった。

さてこの構想の矛盾を指摘することはやさしい。かりに大量のオランダ市民が東インドに移住したとしてもそんな踏台のような役目に彼らが甘んじるかどうか、はなはだ疑問である。また、もし彼等がうまく定着して、農業生産に成功すれば、やがて個人企業家として貿易に乗出し、オランダ東インド会社の競争者となるおそれもあろう。むろんクーンもこの矛盾に気がつかないわけではなかったが、彼の目はもっと大局を見ていた。

ポルトガルの貿易が、アジアの地域貿易を複数のにない手から単一のにない手に移すことをねらっていたことは、何回か述べた。そしてこの意図があまり成功とはいえなかったこともすでに見た通りである。オランダ東インド会社の構想もポルトガルとそれほどちがうものではない。いやそれどころか、東洋貿易の莫大な利益をひとり占めにするためには、およそあらゆる種類の中間利潤を他人に吸い取られないようにしなければならない。「安く買い、高く売る」ことはそうする場合にのみ可能である。

ポルトガルが失敗したことをオランダはやりとげねばならない。

喜望峰を経由してアジアとヨーロッパとをつなぐ、いわばマクロの貿易を、ポルトガル、オランダ、イギリスなどが必死で奪い合っている間にも、アジア各地域の間のミクロの貿易はやみはしない。クーンがオランダ自由市民に行なわせようと思っていたものこそ、このミクロの貿易だったのである。当時の香料諸島においても、ジャワ人、クリング人（インド南東岸コロマンデルの商人）、中国人、マライ人などが会社の隙をみて、香料の密貿易を行なっている。自由市民が香料諸島に定住するようになれば、ヨーロッパ諸国の商人のみならず、アジア商人の活動をも牽制することになるであろう。クーンは意見書を書いただけではなくこれを実行に移しており、一六一六年十一月にはアンボン駐在のオランダ人の長官に宛てた手紙の中で、会社の退職者多数に米や雑貨の類を香料諸島に持渡らせ、またそこに定住する許可を与えるよう勧告している。同じような勧告はコロマンデル海岸駐在のオランダ人の長官にも出され、ここでも会社の退職者を定住させることを指示しているが、いずれの場合にも大陸間貿易の目玉商品である香料や、その買付けの際の鍵である綿織物の貿易を、絶対に自由市民に許さないことになっており、クーンはこの点で、会社の貿易と自由市民の貿易との間に一線を画すつもりだったものと思われる。

さてこのようなクーンの主張は、会社の利益を損わない限りにおいて、会社幹部の支持を得ることが出来た。一六一七年十月に会社の首脳部はクーンに宛てた手紙の中でこう記している。香料諸島のオランダ人人口をふやすために、多くのオランダ東インド会社の元職員に自由貿易を許したのは賢明であり、会社の方針にもかなっているから、どうか毎年続けるように、と。そして同年八月には自由市民の貿易や居住地に関する指令を発して、香料諸島に彼等を居住させることを決めたが、彼等が香料を原住民から買った場合、その保有量には制限を設け、しかももし会社以外の者に売ったり、他国人と何らかの取引を行なったりした場合には、その者を死刑に処し、商品は没収する、というきびしい条件がついていた。しかもその自由市民となる資格は、決められた期間を忠実に勤め上げた会社の元職員に限られ、さらに彼等は定住地域の会社上級職員に服従すること、海陸の戦いに参加すること、城や要塞の防備を手伝うことなどの義務を負わされているのであり、全くこれでは会社職員の身分とどこが違うのかといいたくなる。もちろんこの指令はクーンの構想より一層きびしい形になってはいるが、いずれにしても自由市民の貿易というものが、その名の示すように自由なものでは決してなく、むしろオランダ東インド会社の下請人の役割を果すものでしかなかったことは明らかである。さてこういうがんじがらめの制限つきの自由市民という役廻りを引受ける者がどの位あったかについて、会社の史料はあまり多くを語っていない。「市民だれそれ」という記事は時々あるが、彼等の実数がどれ位あったか、また主としてどこにいたかは、よくわからないのである。

あまりぱっとしなかった第二代総督レインストが一六一五年末に死去した時、野心満々たるクーンはひそかに次の総督になることを予期していたという説もある。しかし後任総督の人選はモルッカ諸島長官で彼より四歳年上のラウレンス゠レアールときまった。これはライデン大学で法律を学び、時にオランダ語やラテン語で詩を作ったりする物静かな男で、万事あくの強いクーンは数年来モルッカでの会社の方針をめぐって事毎にレアールと対立し、あからさまにレアールを無能呼ばわりしている。レアールの方はクーンをかなり買っており、のちに自分の後任にクーンをわざわざ推薦している位だが、総督である自分をさしおいて施政方針を述べたり、会社首脳に意見を具申したりするこの猛烈男には音を上げたらしく、総督就任後まもなく辞意を表明している。

クーンとレアールとの意見の相違は多くの点にわたるが、その最も重要なものは香料諸島周辺の地域貿易に関してである。レアールやこの地域のオランダの勢力増大に功労のあったステーフェン゠ファン゠デル゠ハーヘンなどは、香料諸島における地域貿易をオランダが全部独占することが不可能である以上、原住民の貿易活動を不当に圧迫すべきではないという考えを持っていたので、クーンとは反対の立場であった。

もとより本国の会社首脳部はアジア原住民の貿易活動に理解があったわけではないから、理屈はともかく、オランダの競争相手に大きな打撃を与えることのできそうなクーンの方式の方に、一層大きな期待を寄せたのである。

レアールの方針を軟弱ときめつけるだけあって、クーン自身は露骨な武断政策を主張もし、実行もしていたのであるが、東インドの情勢もそれを必要としていた。この頃イギリスは香料諸島においてますます優勢になり、一六一六年にはバンダ諸島の一つであるルン島（Pulau Run）を占領し、両国船は出会うと互いに砲火を交えるほどの緊迫した情勢となった。また西部ジャワのバンテンにおいてもオランダを凌ぐ勢いを示したので、オランダは次第にバンテンからジャカルタに移り、永久的根拠地を築くことを考えるようになった。このような情勢下にあって、レアールは、みずからモルッカに赴いてイギリス人と戦う決意を固め、ジャワにおけるオランダ軍の指揮を、事務総長のクーンに一任したのである。これに前後してバンテンやジェパラではオランダ人を追放しようという様々な動きが出始めて来たので、クーンはジャカルタ商館の要塞化に精を出し、事態の急変に備えていた。総督レアールは戦闘の指揮を苦手としたので、この機会に数年来の希望通り辞任し、一六一七年十月クーンが後任総督に昇進した。ただし正式就任は一六一九年三月である。

17世紀のインドネシア諸島
における主要国家
数字は初めて商館を設けた年
0
500
1000km
フィリピン
モロタイ島
テルナテ島
1599
ジロロ島
ティドーレ
ティドーレ島
セラム
テルナテブル
アンボン
ゴロン島 1637
バンダ島
1599
ケイ島
1623
アルー島
1623
ニューギニア
(西イリアン)
タニンバル島
1646
ソロール
ソロール島
1613
ティモール
クーパン
1615
フレデリック=
ヘンドリック島
アルネムラント
1623年に発見
カーペンタリア湾

タイ
アユタヤ
クイナム
プノンペン
カンボジア
ブルネイ
パタニ
アチェー
ケダ
1643
アチェー
1616
ペラ
ブルネイ
バタック族
マラッカ
ポルトガル
1511-1641
ジョホール
1609
サンバス
ジャンビ
ジャンビ
1615
スカダナ
1609-22
バンカ
コタワリンギン
バンジャル
マシン
マカッサル
パレンバン
パレンバン
1616
マルタプーラ
1635
バンテン 1596
バタヴィア 1619
マタラム
マカッサル
1615
ジェパラ
バンテン
グレシク
1613
バリ
ビマ
マタラム
1618
バリ島

イギリス嫌いのクーンは、総督に就任直後、ジャカルタのチリウン河をはさんで相対していたイギリス商館を焼払った。この後、バンテン王国の軍とイギリス船隊はそれぞれ陸と海からオランダ商館を攻撃し、オランダ側は弾薬も欠乏して危機に陥ったため、クーンは商館の防備を部下に任せてみずからはモルッカにおもむき、救援軍を連れて来ることにした。残されたオランダ商館員達は次第に窮地に陥り、ことに重立った者七人が計略にかかってバンテン軍に捕えられてから後、一旦は降服の決意を固めたが、バンテン軍とイギリス軍の間に利害の対立を生じ、イギリス艦隊が退去した後、クーンの率いる一六隻のオランダ艦隊が四ヵ月ぶりに到着したため、バンテン軍も敗退し、かくてジャカルタはジャワにおける最初のオランダ占領地となった。この町がオランダ民族のラテン名にちなんでバタヴィアと呼ばれるようになったことは、さきに述べた通りである。クーンは直ちに新しい市街の建設に着手し、原住民と華僑の移住をすすめるかたわら、オランダ人自由市民の本国から東インドへの移住を、再び熱心に要請し始めるのである。これは東インドにおけるオランダ人の人口をふやすのが第一の目的であって、香料諸島に移住させようとした、さきの自由市民とは大分趣を異にしている。すなわちここでクーンが招こうとしたのは「身分の高い既婚者達」や「すでに東洋に来ている男達と結婚するような若い婦人」などであり、またその目的は「その土地のオランダ人の人口をふやすため」という風にはっきりときめられていて、貿易に従事させることには少しも触れていない。もっともクーンの方針も一定しなかったらしく、ある時は「オランダに数多くある孤児院の棚ざらえをするつもりで、どうか若い者、とくに若い娘を送ってもらいたい」と、もっぱら人数で他国民を圧倒しようと考えているかと思うと、別の書簡では、やはり育ちの悪い連中はよくない、立派な人々を送ってほしい、とも述べている。彼が移民の質について頭を悩まし始めたのにはそれ相当な理由がある。オランダ東インド会社の職員にも決して問題がなかったわけではないが、当時のオランダ人自由市民については各地で甚だ評判が悪く、飲酒、放蕩、乱暴、無作法など、およそ彼等に対して発せられない悪口はない位で、アジアの原住民達は彼等を毛嫌いし、彼等ゆえにオランダ人全体が軽蔑され、不当な待遇を受けるようになる、と各地の会社職員達はクーンに対して苦言を呈するようになる。ことに注意すべきは、このような乱行のみならず、会社の東洋貿易における重要な商品であるインド産の織物が自由市民の手で香料諸島に持ち込まれ、乱売による値くずれで会社の香料貿易に大きな損害を与えている事実が、しばしば報告されているのである。

バタヴィア奪回の際、イギリス艦隊が事前に逃れ去ったのを、総督クーンは深く怨みとし、事ある毎にイギリス船を襲ってこれを捕獲していたが、この間、一六一九年にヨーロッパにおいて、イギリス、オランダ両国東インド会社の間に協定が成立し、一六二〇年三月にはその知らせがクーンのもとに届いたので、彼は心ならずもイギリスへの鋒先をゆるめなければならなかった。これは小国オランダの宿命ともいうべきもので、さきに一六〇九年にスペイン・ポルトガル両国との間に締結した「十二年休戦」がまさに満期を迎えようとしていたのである。この両国との戦闘が再開された場合、イギリスとの間に戦火を交えている余裕は到底オランダになかった。そこでオランダ連邦議会は東インド会社に対し、イギリスとの敵対をやめるよう指示したのみならず、両国の会社を合併させるという協定を結ばざるをえなくなったのである。

この協定は誠に奇妙なもので、両会社はおのおのその資本を用いて、東洋各地を自由に航海することが出来るが、価格においては競争せず、買入れは共同で行ない、かつ買入れたものは半分ずつ分けるというものであった。ただし、香料貿易に関しては、オランダ東インド会社の既得権を尊重して、イギリスが三分の一、オランダが三分の二を取ることに決められた。また今まで両国会社が占領した地域はそのまま保有するが、今後征服した土地は等分することに決められていた。さらに戦争についてはとくに防衛会議というものを作り、両国からそれぞれ四人の委員を出し、両国人が一ヵ月毎に交代して議長となることが定められていた。

ヨーロッパで結ばれたこのような協定が、東洋における両国の勢力関係を正確に反映していないのは、むしろ当然というべきであろう。折角インドネシア地域から浮足立っているイギリス人を、再び招き入れる法はない、として、総督クーンが、本国の会社首脳部の弱腰を痛烈に非難したのも、当然といえるかも知れない。ことに香料貿易における両者の貿易比率の設定がイギリスに著しく有利であったことは否定できない。クーンは会社首脳部の命令に従って、防衛会議を発足させはしたものの、種々の口実を設けて、事実上その機能を骨ぬきにした。そして、一方では新たな根拠地バタヴィアに巨大な城を築き、事毎にイギリス人を圧迫したから、東洋における両国会社の敵意は緩和されるどころか、悪化の一途をたどった。

たまたまこのような情勢のもとで、バンダ諸島の原住民が香料の引渡しを拒んで、オランダ東インド会社に叛いた。クーンはこれをイギリスの煽動によるものとし、防衛会議にはかって討伐軍の派遣を決議しようとした。イギリス側がこれを拒絶すると、クーンは一六二一年一月にオランダ艦隊の指揮官としてバタヴィアを出帆し、二月末にバンダ諸島に着き、次々に島を占領したが、その中には一六一六年以来イギリスが実際に領有していたルン島（九三ページ参照）も含まれていた。しかしイギリス側はクーンの勢いに呑まれて抵抗を試みなかったので、見捨てられたと感じた原住民達は三月頃までに続々と降服した。クーンはもともとこの諸島の住民を他に移して、別の住民を入居させるつもりだったので、八〇〇人近い原住民捕虜をジャワに送って奴隷労働に従事させ、それと知った残りの住民が絶望的な抵抗に転じると、人質にとっておいた首領四七人を虐殺した。とくに首謀者と目された八人の処刑は酸鼻をきわめたが、皆少しも刑吏に抗議せずに死んでいった。ただ一人がオランダ語で「旦那方、それではお慈悲はないのですね」とつぶやいたと伝えられる。征服者にとってもこの処刑は決して後味のよいものではなかった。処刑に立ち合った無名のオランダ人はこう書いている。「事件はこうして終わった。誰が正しいかは神のみぞ知る。処刑が終わるとすべての者は取り乱し、こんなおつとめはごめんだと思いながら、めいめいの場所に引取った。」この知らせを聞いた生き残りのバンダ人数千は降服するよりも高地にのがれて寒さと飢えによる死をえらび、またたまりかねて他の島へ逃げようとしたルン島の住民は捕えられ、そのうち成人一六〇人は全員殺された。このような戦いの後、クーンは原住民のいなくなった空白を埋めるために、会社の使用人や自由市民をこの島に送り、オランダ語で「ペルク」と称する一定面積の土地区画を割当て、奴隷を用いて香料とくにニクズクの生産に従事させた。したがってこの耕作者達はふつう「ペルケニール」と呼ばれている。総督クーンの植民地建設の理想を、これ程露骨に実行に移した例はほかになく、彼の政策に対して非難が向けられる時は、必ずバンダ諸島の征服が挙げられるのも、当然といえよう。会社職員の一人アールト＝ヘイゼルスはこの事件の知らせを聞くと、「彼等が自分達の国の自由のために戦ったのは、我々が我々の自由を守るために多年生命や財産を賭して戦って来たのと同様であることを、理解せねばならない」といっている。至極もっともというべきであろう。目的のためには手段を選ばぬはずであった十七人会すら、クーンに送った書簡の中で、もう少しおだやかに事を運んでほしかった、と注意している。同盟国たるイギリスへの思惑からも、連邦議会や会社首脳部はクーンの行ないに対して一言せざるをえなかったのである。しかし、クーンはこのあとアンボンとモルッカに進出し、同じように高圧的な態度で土着君主達に迫ってオランダとの取引の契約を結ばせたりしているし、一六二三年二月に総督を辞任したのも、首脳部の圧力によるものではなく、彼自身の希望によるものである。その上、十七人会は後任の総督をクーン自身の推薦によって決定するほどの信頼を示しているのであるから、さきの戒告は、イギリスに対するジェスチャーといわれても仕方がないであろう。クーンはピーテル＝ド＝カルペンティールを後任総督に推薦して、帰国の途についた。

さて、アジアの地域間貿易をオランダ東インド会社から一般市民に開放しようというクーンの構想は、彼の帰国の後、いくらか性質の変ったものとなって来ている。彼は二三年九月、オランダに帰った直後に重役に対して行なった報告の中で、オランダ東インド会社の貿易範囲をインドネシアとオランダとの広域間貿易のみに限定し、その他の「喜望峰から日本までを含むすべての地域」の間の貿易を、「公然たる敵〔スペインとポルトガルとをさす〕以外は少しの例外もなく、あらゆる国民に」許可すべきことを力説している。しかもわざわざ「原住民と同様」というただし書きをつけていることから見て、クーンがアジア海域の地域間貿易を会社の手から開放することを考えていたのは明白であろう。彼の構想の微妙な変化が、バンダ諸島征服のやり方についての反省から来ているのか、それとも会社がミクロの地域間貿易までを独占することは不可能であるという認識に基づくものであるのかは明らかでない。本国の会社首脳部は最初この案に賛意を表し、その最適任者として再びクーンを総督に任命することさえ決定している。

ところが、クーンの東インド退去直後に、香料諸島の一角のアンボン島で、イギリスとオランダの間に紛争が起った。もともと、アンボンのイギリス商館は一六一九年の協定以来、オランダ人の要塞の中に建てられ、両者の間柄は表面上は良好であったが、ある時イギリス人の使用する日本人が要塞の内部を調べていたという嫌疑を受け、イギリス商館の全員が捕えられ、拷問の末、遂にオランダの要塞を攻撃する計画のあることを自白したので、イギリス人一〇名、日本人一〇名、ポルトガル人一名の全員が死刑に処せられた。世にアンボンの虐殺といわれる事件がこれである。しかし、断罪の根拠となった彼等の自白は、強いられたものであるために必ずしも信憑性がなく、果して実際にこの計画があったかどうか、現在では疑問視されている。当時クーンはすでに東インドにいなかったにもかかわらず、この事件はイギリス嫌いのクーンのさしがねであるとしてイギリスの世論は沸騰し、クーンの総督再任は到底望み薄となった。イギリス、オランダ両国東インド会社連合の企てもこれによって事実上決裂したのである。イギリス国内におけるクーンに対する敵意はすさまじく、あるイギリス東インド会社の高官は「イギリス本国の最も高い絞首台もクーンのためには高すぎない」といったと伝えられ、オランダ本国の会社首脳部はイギリスの反響を懸念して、クーンの派遣を見合わせたのである。この頃イギリスにおいてジェームズ一世が死去し、幾分オランダに親近感を持つチャールズ一世が即位したので、イギリスのオランダに対する悪感情も一段落し、十七人会は二六年三月頃からクーンを総督に再任しようとしている。しかもなお、クーンの出発はイギリスの反撥を怖れて極秘のうちに進められ、我々は後世の植民史学者の考証によって、彼の二度目のオランダ出発が一六二七年三月十三日であったことをようやく知りうるのである。

さて、アンボン事件によって影響を受けたのは、むろん総督クーンの再任問題ばかりではない。この事件によってイギリスは香料諸島におけるオランダとの協調の可能性を決定的に失い、この地域への定着を諦めてジャワに再び注目し、バタヴィアの商館を充実させようとしたが、すでにこの地に圧倒的な勢力を持つオランダ人に妨害されて果さず、スンダ海峡のラグーンディ島に植民地を開こうとする企ても失敗に終わり、種々曲折ののちにバンテンに移ったが、この港も一六三四年頃以後ははなはだ振わなかったので、十七世紀後半にはこのバンテンからも退いて、遂にジャワ全土から手を引き、のちの英領インド植民地に全力を傾けるようになる。アンボン事件が重要だというのは、このような大きな政策転換のきっかけとしてである。この事件が両国の間に投じた波紋は大きく、十七世紀後半の蘭英戦争の遠因にもなり、またその講和の討議に際しても、何回かこの事件についての論議が交わされている。

こういうわけで、一六二七年九月、クーンがバタヴィアに再び総督として着任した時は、四年前に彼が帰国した頃とはかなり事情が異なっていた。第一に、イギリスの脅威が著しく減ったことは今まで述べた通りである。第二に、スペイン、ポルトガルは依然として不振をきわめ、香料諸島をはじめ、インドネシア水域からほとんど手を引いている。第三に、これら諸地域の原住民達も、バンダ諸島におけるオランダの乱暴な征服の様相を見て、オランダ人を怖れ憎みながらも、あえてその重圧に抗してまで密貿易を行なおうとする意欲を、かなりそがれている。それゆえ、のちに述べる中部・東部ジャワのマタラム王国の急速な増大以外には、オランダを悩ます危機はかなり遠のいたと見てよい。しかもマタラムは農業国であるから貿易独占の競争相手とはならない。

したがってクーンは、今やオランダ勢力確保のために、自国の自由市民の存在に大幅にたよる必要を感じなくなったのである。いな、必要でないどころか、全くの荷厄介と化しつつあった。自由市民の質が悪く、淫らで大酒をくらい、乱暴を働いてオランダ人の体面をけがすという非難は以前からあったが、香料諸島に出没して会社の厳重な禁令にもかかわらずひそかに香料を買入れたり、インド産の綿織物を香料諸島に持込んだりして、会社の思惑を狂わせる事態がしばしば起り、再任後のクーンもこれには手を焼いていた。折しも本国では、クーンが帰国時に提案した自由貿易の推進案を連邦議会に送るなどして、その可否を検討中であったが、結局これは特許状によって設立されたオランダ東インド会社の趣旨と矛盾するという理由で、クーン再任の直後にバタヴィアに手紙を送ってこの案の破棄を通告して来た。しかし、右に述べたような事情の変化を敏感に察知していたクーンとしては、十七人会のこのような方針に不服であるどころか、むしろこれは彼自身の望むところでもあり、オランダ東インド会社の貿易形態はその後も変ることなく続くのである。ちょうど同じ頃本国でおこっていた政治上の動きも、東インド会社の現状を固定する作用をした。すなわち一六一八年にオラニエ公マウリッツがクーデターをおこし、アムステルダム商業資本の代表であり会社の生みの親でもあったオルデンバルネフェルトを処刑して以来、会社の一般株主の間にみなぎっていた会社の首脳部の専横への不満が一挙に表面化し、二三年の特許状更新の際にはこの専横を制限する条項が附加されたのであるが、この民主化も一六二五年以後の政治上の民主主義勢力退潮と共に、次第に空文と化し、取締役団の専制はむしろ以前より強化されるのである。会社の忠実な使用人としてのクーンが、今や独占貿易の前途をさえぎる暗雲を見ず、かつての自由貿易の構想を、むしろみずから進んで捨て去ったのも、このような変化がその背後にあったからこそであった。これ以後、オランダ東インド会社の経営の危機が叫ばれる時には、必ず独占貿易が問題にされ、自由貿易を望む声が常によみがえることになる。

さて、ジャワの中東部に覇をとなえるマタラム王国と東インド会社との間に生じた緊張はもっぱら政治的、軍事的なものであった。この国の成立についてはよくわからないことが今なお多い。オランダ人ド＝フラーフの研究によると、十六世紀前半にマジャパイト王国が衰え、イスラム化したジャワ北岸の諸小国が相次いでこれに叛いた時、未来のマタラム建国者セナパティは附近のパジャン、デマなどの王国に勝って、これらを併合したのである。ババッドと呼ばれるジャワの年代記がいくつか現存するが、それらの描くセナパティ像は伝説的要素に満ちていて、本当のことはよく分からない。彼は一六〇一年頃死去し、子のパネンバハン＝クラピアクが継いだのであるが、これも史実としてあまり明らかでなく、オランダの史料にはっきり現われるのは一六一三年に即位する三代目のスルタン＝アグンからである。この頃からマタラムの勢いはますます盛んになり、一六二〇年から二五年頃にかけて、東部ジャワの要衝スラバヤを手中におさめた。元来スラバヤは十六世紀末頃以来、香料貿易の重要な中継貿易港であったグレシクやジョルタンを、支配下におさめていたが、オランダによって香料諸島への交通の途を断たれ、衰えつつあったところへ、背後から進出したマタラムによって遂に征服されたのである。マタラムは内陸から興った国家で、米の生産に基礎をおき、もともと貿易には深い関心を持たなかった。したがって、最初のうちは米の需給の関係においてオランダ東インド会社と友好を結んでいたが、やがてマタラムの領土が次第に西の方にひろがると、会社の勢力と正面切って対決する形勢となった。総督クーンの再任以後の一六二八年から二九年にかけて、マタラムはバタヴィア城に対する大規模な包囲戦を二回試みたが、オランダは苦戦の末これを守り抜き、マタラムの西方への進出を断念させた。しかしクーンは第二回の防衛戦の時、熱病にかかって急死した。

クーンを受けついだ総督のうち、一六三六年に就任したファン＝ディーメンの時、東インド会社はまさに黄金時代を迎えたということができよう。会社の支配できる地域こそまだ限られていたが、根拠地バタヴィアは度重なる近隣諸国の圧迫に抗して安泰であり、チリウン河口のバタヴィア城を中心にして、次第に町の形成が見られた。ただし香料諸島では、オランダによる貿易独占の結果が次第に現われ、その経済的圧迫にたえかねた各地の原住民はオランダに叛こうとしたが、総督ファン＝ディーメンはみずから香料諸島におもむき、叛乱の盟主者たるテルナテ島のスルタンを敗退させ、一六四八年に新しいスルタンを会社の庇護の下におくことによって、香料諸島の争乱は一時収拾されたのである。

なお、次の章に詳しく述べる通り、日本との通交貿易は、ちょうど彼が総督をしていた時期に鎖国を迎えるのであり、これによって日本との貿易は一面において大きな制限を蒙ることにはなったが、他面ヨーロッパの他の競争者達はすべて日本から排除され、中国人とオランダ人のみが日本渡航を許されることになったのであるから、これも結局においては、あきらかにオランダの利益となった。またファン＝ディーメンは一六三八年、セイロンの王と結んでこの国におけるポルトガルの根拠地数ヵ所を攻撃し、ことに南端のガレ岬の要塞を占領してセイロンからポルトガル人を追った。

しかし、ポルトガルに対する勝利の更に決定的なものは、一六四一年のマラッカ占領である。すでに述べた通り、オランダは東洋来航後まもなく、マラッカの封鎖を開始し、アチェーやスマトラ東岸諸国などの援助を受けて、何回もこれを攻略しようとしたが、成功しなかった。一六四〇年末、オランダの司令官カルテクーは、ジョホールのスルタンの援助を得て、マラッカを封鎖し、次いで大規模な攻撃を行なって、これを陥落させたものである。

すでにマラッカの港自体はとうの昔に没落の道をたどっていたとはいえ、ポルトガルにとってのマラッカは、華南のマカオとインドのゴアとを結ぶ重要な地点であったから、この港をオランダの手に委ねた今、ポルトガルの衰退は決定的となった。面白いことにマラッカは、失う時常に大きく、手に入れる時常に小さい。占領したオランダ人達は、この港の将来にほんの少しの幻想も抱いていなかった。総督自身も四一年十月の本国宛ての報告の中で、マラッカを占領したあとでも東インドの貿易の中心は依然としてバタヴィアである、という意味のことを、はっきりと述べている。したがってマラッカの獲得は、この海峡周辺の水域支配の、最後の仕上げにすぎなかったのである。

ファン＝ディーメンの時代に特筆すべきもう一つのことは、探険航海の奨励であった。アベル＝タスマンは一六四二―四三年に航海を行ない、ニュージーランド島及びタスマニア島を発見し、またオーストラリア大陸の海岸数ヵ所を探険したが、これが一続きの大陸であることに気づかなかった。しかし、ファン＝ディーメン以後の総督はほとんど皆、ようやく確保していた東インドの縄張りにのみ心を奪われていて、第二のタスマンを派遣する者は遂に出ない。八十年戦争の苦難とスリルがようやく去り、オランダの本国も植民地もひとまず安泰という見通しが出て来た今、早くも小成に安んずる気分が見えているのである。一六四五年にファン＝ディーメンは死去し、同じ年にドイツのミュンスターで成立した条約は、三年後にウェストファリア条約として正式に調印され、オランダの独立は列国の承認を受けたのであるが、早くもその栄光には影がさし始めていた。そのきざしはすでに僅か三年後の一六五一年に、オリバー＝クロンウェル治下のイギリスが発布した航海条令に見られよう。この条令によってオランダの海上輸送は大きな打撃を蒙り、さらに一六五三年の英蘭の海戦での大敗によって、その衰退は決定的となる。これについては第五章で触れるであろう。

四　日本貿易

日本人とオランダ人とが世界史上はじめて出会い、以後長い交渉を開くようになったのは、一六〇〇年、つまり関ケ原の大合戦の年であり、これはオランダ東インド会社発足の二年前に当る。したがって今までの叙述から少し昔にさかのぼって、このいきさつから説きおこさねばならない。

一五九八年六月、ロッテルダムの航海会社は西廻りの航路で五隻の艦隊を東洋に派遣した。この艦隊は不運にも二人の司令官を次々に失い、しかも悪天候ではなればなれになった末、そのうちの一隻のリーフデ号だけが、一六〇〇年四月に九州の豊後地方に漂着したのである。出帆当時一一〇人いた乗組員のうち、生存者は二四人（この中三人は漂着後死亡）、歩ける者は六人しかいなかったといわれ、そのうちの一人が航海長のイギリス人ウィリアム＝アダムズであった。アダムズは大坂城に連れていかれ、五月十二日に徳川家康に面会している。関ケ原の戦いを数ヵ月後にひかえて多事であるはずの家康は、さすがに旺盛な知識欲を示して世界情勢などを尋ねただけでなく、その後アダムズを信任して江戸に滞在させ、俸禄を与えた。

マルコ＝ポーロの『東方見聞録』などによって黄金の国ジパングの名は早くからヨーロッパにひろまり、ポルトガル船がはじめて九州南方の種子島を訪れたのは一五四三年のことであり、まもなくスペイン船がこれに続いたのであるから、オランダ船の日本来航は、これら両国におくれること、半世紀以上であった。

しかしオランダの登場の時期は早すぎもおそすぎもせず、のちにヨーロッパ諸国のうちで最恵国待遇を与えられるオランダの幸運は、すでにスタートの時から始まっていたといえる。ポルトガルやスペインの布教活動は、最初のうちこそ喜んで迎えられ、方々にキリシタン大名を生み、また下層階級の信徒をも得ていたが、この新しい宗教に終始寛容であった織田信長の死（一五八二年）以後、豊臣秀吉はキリスト教が日本の封建社会の秩序を破壊することを懸念して、一五九七年に長崎で二六人の宣教師や信者を処刑する。その秀吉も世を去り、征夷大将軍として日本の最高の実力者と自他共に許す徳川家康は、全生涯を通じてアングロ＝サクソン流の「分割して統治せよ」の原理に忠実だった人物といえる。今やスペインに叛旗をひるがえし、アジア海域ではポルトガルと砲火をまじえるオランダの出現が、いわば絶好の抗毒素として彼の注目をひかなかったはずはない。スペイン人やポルトガル人は日本人に会う度毎にオランダ人を中傷し、海賊国民だと罵っているが、家康は一向に意に介していない。考えてみれば日本でも、僅か三十余年前までは諸国の大名の間にたえまない死闘がくりひろげられていたのであり、のちにオランダと三十年余りの間親密な関係となる九州平戸の松浦《まつら》藩にしても、かつては松浦党の名で知られた海賊であった。家康自身も戦塵にまみれつつ人となったことを思えば、海賊国民などという風評にたじろいで交際をためらういわれはない。

さて、一六〇二年にオランダ東インド会社が設立され、翌年にはマライ半島の東岸のパタニにオランダ商館が開かれた。この知らせはすぐに江戸にいるアダムズの耳に入り、彼は家康の許可を得て、リーフデ号の元船長ヤコブ＝クァケルナックと船員のメルヒオール＝ファン＝サントフォールトを九州平戸藩の松浦侯の船に托して、パタニに派遣した。彼等は一六〇五年十二月にパタニに着き、マライ半島南端のジョホールにおいて、オランダ本国から来航したマテリーフ＝ド＝ヨンゲの艦隊に会い、家康が日本での貿易開設を許可したい旨の報告をした。しかしこの艦隊はポルトガルとの戦闘や中国との貿易開設の交渉に忙殺されて、日本を訪問する暇がなかった。そして正式の国交開始は四年後の一六〇九年七月、ピーテル＝ウィルレムスゾーン＝フェルフーフェンの艦隊の中の二隻がオランダのオラニエ公マウリッツの手紙等を携えて平戸に入港するまで待たねばならなかったのである。

使節は八月下旬に駿府で家康に会い、「日本国内のどこの湾に着岸しても構わない」という内容の、いわゆる朱印状を得た。この許可証を得て使節一行は平戸へ帰り、九月二十日に会議を開いて、平戸にオランダ商館を置くことを決議し、その初代商館長として、ジャック＝スペックスが四人のオランダ人と共に留まることになった。

さて平戸に商館は開かれたものの、オランダ船はその年も翌年も入港しないで、スペックスはみずからパタニ商館におもむいたり、館員をタイに派遣したりして、オランダ船の誘致に奔走した。しかしアダムズの斡旋などが効を奏して、駿府にいる家康はオランダ人には好意を示し、同じ頃家康を訪問したノヴァ＝イスパニア（メキシコ）やポルトガルの使節が冷淡な待遇しか受けなかったのと、大きな対照を示している。

商館長スペックスの尽力の甲斐もあって、オランダ本国の十七人会は日本貿易に深い関心を示し、日本向けの商品を定期的に送るようになり、その最初の便船が一六一二年八月に平戸に到着し、これ以後貿易は順調に拡大した。

しかし、オランダの日本貿易にとっての最大の強敵は、またしてもイギリスであった。イギリス東インド会社の幹部は一六一〇年頃から日本への渡航を考えており、家康の側近としてオランダ貿易の便宜を計って来たアダムズも、実は自国人の日本進出を心から望んでいた。すでに日本の事情にくわしいアダムズは、平戸が日本の西端にあって連絡に不便であること、家康がイギリス船の浦賀入港を希望していることを、東インド在住の同国人に手紙で書き送っていたが、ジョン゠セーリスを船長とするイギリス船クローヴ号は、この手紙を読みながらも深くは気にとめず、一六一三年六月十二日に平戸に入港してしまった。松浦藩ではもちろんイギリス船を歓迎し、アダムズが平戸に急行した頃にはすでに商館の建物も定まり、浦賀への移転は事実上不可能となっていた。平戸商館長にはリチャード゠コックスが就任し、他にイギリス人七人が館員として留まることとなったので、同じ町にあるオランダ商館との競争は、ジャワのバンテンやジャカルタほどではないにせよ、かなり激しいものとなって来ている。

しかし、すでに数年間の商取引の経験を積んだオランダ人に比し、イギリス人は大いに立ちおくれているのみならず、コックスの方針も大きな見通しを欠き、利益はあまり思わしくなかった。はじめコックスは江戸と大坂に分館を置き、商館員を置いて取引に当らせたが、一六一六年の家康の死後、急に貿易の制限が強化され、イギリス・オランダ両国とも、平戸と長崎の二港以外で貿易を行なうことを禁じられた。これは将軍秀忠のスペイン、ポルトガル宣教師の活動に対する憂慮から出たものではあるが、この裏にはこれら両国商人のもたらす生糸を一定値段で買い取る、いわゆるパンカドの制度を、イギリス、オランダの両国商人にも適用しようとする日本商人の策動があったものと考えられている。

この頃、東インド水域におけるイギリスとオランダとの敵意はますます露骨になり、一六一六年以来、オランダが香料諸島を往来するイギリス船を捕獲するようになると、平戸の両国商館員も事毎に衝突し、不穏の形勢となった。そして一六一九年の両国東インド会社の間に協定が成立したあともこのような形勢はあまり好転しなかった。イギリス東インド会社は平戸商館の出費ばかりが多くて一向に利益が上らないのに業を煮やし、一六二三年には商館長コックスに平戸商館の閉鎖を命じたので、結局イギリス人は莫大な売掛金を回収できぬまま、日本を立去ることになり、日英貿易は僅か十年程で打切られることになった。

平戸のオランダ商館はこれで最も厄介な競争者を排除したわけであるが、彼等の日本における地位は決して安泰ではなく、ここに別の種類の困難が生じつつあったのである。

日本貿易においてはヨーロッパや中国とちがい、香料はそれ程大きな比重を占めない。また香料諸島とは異なって、インド産の綿織物もあまり重要ではない。日本の輸入品の首位を占めるのは中国産の絹織物や生糸などである。したがって日本貿易のためには中国貿易の開設が不可欠の条件となる。一五五七年にマカオを獲得したポルトガル人が、久しい間日本貿易の利益をほしいままにしたのは当然である。オランダはマカオをポルトガルから奪い取ろうと考え、一六二二年に司令官コルネリス＝レイエルセンの率いる艦隊がマカオを攻撃したが、成功しなかった。そこでかねてから目をつけていた台湾島西方の澎湖島《ほうことう》に行き、ここに要塞を築いたが、中国の福州の当局はこれを中国の領土であると主張して譲らなかったため、レイエルセンのあとをうけたマルティヌス＝ソンクは一六二四年にここを引揚げて台湾西岸の安平《アンピン》地方に移り、ここに要塞を築いて、はじめはオラニエ城と呼んだが、のちにゼーランディア城と改称した。オランダ本国の一州ゼーラントの名にちなんだものである。台湾は先住民がつけていた名称で、これに当時中国人が大湾、台員、大円、台湾の文字を当て、オランダ史料でも大抵の場合、これを借用してタヨワンとか、タイオワンとか記している。この台湾がのちに島全体の名称となる。

さて、ゼーランディアは台湾海峡に突き出た砂洲の上にあり、たしかに砂丘は高く、煉瓦の城壁は厚く出来ていたが、もともと要塞を置くには不適当な場所であった。しかも周囲には濠どころか、空濠さえもなく、防備はかなり貧弱であったが、オランダ人は防備よりも船荷の積下しの便の方をはるかに重く見ていた。全くここは中国船との出逢貿易には絶好の港であったし、島の原住民や中国の貿易商人を相手にしている限りは、それ程堅固な要塞を築く必要もなかった。

なるほど澎湖島とは事情がちがうので、中国もゼーランディアの要塞構築には文句をいわなかったが、その代り日本の貿易商人達が大いに異議をとなえた。日本人の中国及び東南アジア各地への渡航は、ヨーロッパの来航よりずっと古く、一五七〇年にスペイン人が初めてマニラに到着した時、日本人在住者二〇人を見たという記録がある位だから、台湾に渡航した時期もむろんオランダ人より古い。江戸幕府から許可証をもらって海外に渡航する、いわゆる朱印船の中でも台湾（当時高山国とか、高砂とか呼ばれた）に渡航する船が非常に多かった。この島の北部にある基隆《キールン》などの港よりも、中国の沿岸に近く取引にも便利な安平の附近に船が集中するのはごく自然で、いつのまにか日本人とオランダ人との競争はさけがたいことになった。オランダ人がゼーランディアに引移った一六二四年のすぐ次の年には、朱印船二隻がこの港を訪れ、附近に集まる中国船から日本向けの商品、とくに生糸を買入れようとした。この間オランダ要塞の長官ソンクは、極力オランダの利益を守ろうとして、日本船の買入れる商品に一割の税をかけたり、日本に住む華僑の安平附近における取引を禁じたりした。これは当然日本商人達の不平の種となり、これ以後日本とオランダとの台湾における敵対関係が、急速に表面化するのである。

一六二六年にも、二隻の朱印船が安平を訪れ、前年の四倍の資本を投じて中国商品を買込んだ。二隻にこれらを満載して、なお残りが中国本土にあったので、日本人は長官ソンクに、これを運ぶためのジャンク二隻を貸してくれ、と頼んだ。しかし、ソンクはもちろんこれを断ったので、朱印船の側も、オランダ人に対して露骨に敵意を示すようになった。その余波を直接受けるのが、平戸のオランダ商館員達であった。平戸商館長ナイエンローデは両国の関係がこれ以上悪化するのを恐れて、東インド総督に進言し、事情を説明するための使節を江戸の幕府に派遣することをすすめた。この進言は容れられ、一六二七年六月、正使ピーテル＝ノイツ、副使ピーテル＝ムイゼル等を乗せたオランダ船ウールデン号はタイオワンを発し、八月一日に平戸に到着した。一方、タイオワンに滞在していた朱印船二隻も、遂に中国本土において来た商品の回収をあきらめ、オランダの非協力的な態度について江戸幕府に訴えるつもりで長崎に帰って来た。なおこの時、彼等はゼーランディア城附近の新港社という高砂族の部落から一六人の原住民を連れて来たが、これは彼等の口から、「台湾全島を日本に差上げる」と将軍の前でいわせるつもりであった。

さて、オランダの使節達は十月一日に江戸に着き、平戸領主の松浦肥前守を通じて将軍宛ての総督書簡を提出したが、これが混乱のもととなった。今まで将軍宛ての書簡は皆オランダの元首オラニエ公の名によって書かれており、バタヴィアの総督の書簡は先例がない。格式を重んじる江戸幕府としては、まずオラニエ公と総督との身分上の上下関係を知らねばならぬ。そしてもし総督がオラニエ公の臣下であるならば、将軍に手紙を書くなど僭越の沙汰《さた》であるから、受取るわけには行かぬ。——当時の日本の慣例からいえばもっともなこの理屈も、オランダ使節にとっては笑うべき形式主義としか見えなかった。しかもこのような問答は何回となく繰返され、事務の非能率や多忙という名目で長々と引延ばされたあげく、十一月五日に至って正式に却下されたので、ノイツ達は何の成果も得ることなく平戸に帰り、十二月初めには任地のタイオワンへ去っていった。

オランダ使節の不成功にひきかえ、タイオワンから帰った朱印船の船主である末次平蔵は幕府に大いに働きかけ、新港社の住民を江戸まで連れて行き、将軍に目通りを許されたが、これら住民の口から「日本の属国になりたい」といわせた末次苦心の演出も、幕府当局にはかえりみられなかった。豊臣秀吉の膨脹政策の失敗にかんがみ、江戸幕府は日本国内の政情安定を最も重要と考えていたのであろう。したがってその限りでは末次平蔵の意図も失敗に終わったと見るほかはない。

しかし、当時幕府の高官達が末次平蔵や平野藤次郎のような朱印船貿易家に多額の資金を提供して、間接に海外貿易を行なっていることがオランダ史料に時々出て来る。もちろん幕府高官の海外貿易は表向きはいけないことになっているので、このことは日本側の史料には現われないが、行なわれていたことはまず間違いない。そうとすれば、オランダの商売敵は一介の朱印船貿易家だけでなく、その背後に幕府の高官数人がひかえていたわけである。ノイツ等の遣使が失敗に終わったのも、むしろ当然というべきであろう。

翌一六二八年の五月、タイオワンに帰任したノイツのところへ、またもや末次平蔵の持船二隻が入港した。前年度の交渉ですっかり日本人嫌いになっているノイツが、この機会を逃すはずはない。まずこの二隻が必要以上に多くの人員と武器を積んでいることに難癖をつけ、武装を解除し、次いでこれに抗議するために上陸した船長浜田弥兵衛以下数人を抑留した。新港社の原住民も同じく抑留され、彼等が江戸幕府からもらった贈り物の類はすべて没収された。ノイツは江戸幕府から受けた冷淡なあしらいへの仕返しをこの朱印船二隻にするつもりらしく、あくまで引延し戦術に出、中国本土に残っている品物を取りに行きたいという日本側の申出を拒絶し、進退きわまった日本側が、それでは帰国を許可してほしい、と要望すれば、これも拒絶する。ノイツは江戸で受けたと同じ引延し戦術で彼等にむくいたわけである。しかし日本人の感情の沸騰点はノイツの思っていたよりよほど低かった。何回目かの談判に臨んだ時、もはやこれまでと覚悟した浜田弥兵衛等は隙をみてとびかかり、ノイツを人質に取り、「近寄ると長官を殺すぞ」とオランダ人を威嚇した。不意をつかれたオランダ人が手を下し得ないでいるうちに、朱印船の乗組員も続々と上陸し、やがて二日間の交渉の末、協定が成立した。これによれば、オランダ側は全面的に譲歩し、朱印船の蒙った損害を弁償することにした。また原住民を釈放した上に、互いに五人の人質をあずかって日本に行き、到着後それを交換して一切を解決しよう、ということになった。長官ノイツは人質となることを免れ、さきの日本遣使の際に副使をつとめたムイゼルがオランダ側の人質の代表となった。ところがこの両国の船が長崎に到着すると、幕府は、将軍が折角新港社の原住民に与えた贈物をオランダ人が没収したのは幕府に対する侮辱であるとして、大いに強硬な態度をとったため、ムイゼル等は予想に反してそのまま監禁され、平戸のオランダ商館は封鎖されて、日蘭の国交はここに一時断絶することになった。

しかし幕府の高官を強く支配するかに見えた反オランダ熱も、朱印船貿易のチャンピオンであった末次平蔵が一六三〇年に死去してから、急速にさめていき、さらに一六三二年九月、タイオワン事件の最高責任者である長官ノイツが人質として日本に送られたことにより、幕府は深い満足の意を表し、かくて五年にわたる紛争は解決したのである。当時のオランダ東インド総督は、平戸商館長を二度務めたことのあるスペックスであり、ノイツの引渡しにふみ切ったことは日本人の心理の機微をよく察した処置であったということが出来る。しかし、国家間の政治上・経済上の行きちがいを個人間の場合のようにすべて感情の問題で説明し去ることはできない。解決に至った最大の理由は、もともと海外発展に消極的であった江戸幕府の方針が、この頃いよいよ決定的なものとなったことにもよるであろう。外国との交渉も江戸幕府にとって、どちらかといえば利益より迷惑の方が多いのが実状であった。ポルトガルやスペインの布教活動は度かさなる禁令の強化にもかかわらず、一向にやまない。とくにマニラからは死を決した宣教師達が貿易船にひそんで続々入国している。秩序の混乱を何よりもおそれる幕府はキリシタン弾圧をいよいよきびしくする一方、これら両国と宿敵の間柄であるオランダへの関心を、いっそう深めたのである。一六三二年に江戸を訪問したオランダ人のうち、日本語に堪能であったフランソワ＝カロンは、平戸藩主松浦隆信から「日本はマニラを占領し、これをオランダ人に与えてタイオワンと交換しよう、と計画しているので、オランダ人の援助を求めることがあるかも知れない」という、容易ならぬ相談を持ちかけられている。しかし、もとより日本にマニラ遠征の具体策があったわけではなく、マニラはどんな所かについて、これからオランダ人に聞こうという程度の他愛なさであり、オランダ人もその実現の可能性のないことを熟知しながら、これを頭から否定したりせず、「いざという時には喜んで加勢する」と適当にあしらっているところなどは、すでに日本を操縦する術を会得したものということが出来よう。結局マニラ遠征は実現しなかったが、こういう相談を通じて、日蘭両国の関係は時と共に密接になっていくのである。しかし、貿易における優位は、決して何の犠牲もなしにオランダの手に入ったわけではない。最初取引の場所について制限を受けなかったオランダは一六一六年以後、中国船以外のすべての外国船と同じく平戸と長崎の二港に入港することを命じられていたが、今また大きな変化に直面することになった。その最も重要なものは、一六三三年の第一段階の鎖国令によって生糸の取引方法が変化したことである。

ポルトガル船が日本にもたらした生糸は、すでに一六〇四年以来、パンカドと呼ばれる取引方法で買い取られていた。これは商人の代表の鑑定人が評価した価格で生糸を一括して買い取るもので、安く買いたたくのに有利な方法であった。このポルトガル生糸はさらに商人仲間に、一定の割合に従って配分されたから、この分け前にあずかる商人を糸割符《いとわっぷ》商人と呼び、配分方法を糸割符と称する。さて、この取引法のうちパンカド価格は一六三三年にオランダ船にも適用されることになったが、京都、長崎、堺、江戸、大坂の五大都市（いわゆる五ヵ所）の糸割符商人は、これだけでは満足できなかった。すなわちオランダ生糸がパンカド価格で取引されるというだけでは、オランダ生糸を彼らが独占的に買い取ることにはならなかったからである。しかも、ポルトガル生糸が次第に減って来ているのにひきかえ、オランダ生糸は年々量を増し、その上、一六三五年には日本人の海外渡航が一切禁止され、朱印船貿易は完全に止んだから、オランダ生糸の比重はますます大きなものとなっていた。そこで五ヵ所商人の代表は毎年江戸に行き、オランダ生糸を彼らだけに糸割符として配分してほしい、という請願をくりかえした。

しかしこのような五ヵ所商人の策動は、「徳川家康以来の朱印状に示された自由貿易の趣旨に反する」というオランダ側の必死の反駁や、幕府のオランダ側への同情によって、なかなか実現を見なかった。老中の一人酒井忠勝が、これら商人の四度目の請願に対して、「ポルトガル人が今日追放されたからといって、明日オランダ人の生糸を強奪するような命令を、下すことが出来ようか」と述べているのは、その時々の国際情勢に振りまわされがちであった江戸幕府が、せめてこの点だけでも筋を通そうとする願望の現われであったといえるかも知れない。

このような経過の中で、江戸幕府に大きな衝撃を与えたのは島原の乱であった。これは一六三七年十二月から翌年四月にかけて島原及び天草で起った戦乱で、島原の場合は松倉藩、天草の場合は寺沢藩の圧政に対する農民叛乱であり、宗教的な目的を持ったものではないが、両地方とも農民の間にキリスト教信者が多く、また天草四郎時貞らが廻した檄文にもキリスト教徒の団結を訴えており、旗・さしものにも十字架を用い、「ゼスス＝マリア」、「サンティアゴ」などの叫びを上げた。最初叛乱軍の方が優勢で、両藩の本拠である島原と富岡の城も危ぶまれたが、容易に陥落しないのを見て、叛徒は廃城となっていた原城に立てこもった。十二月末近くなってようやく知らせを受けた幕府は、板倉重昌を総指揮官とし、九州諸藩の兵力を集めて原城を総攻撃したが、三万余人の叛徒が守る原城は陥落せず、板倉は戦死し、松平信綱がこれに代った。彼は城への食糧供給を遮断すると共に、平戸のオランダ商館長ニコラース＝クーケバッケルに命令を下し、フライト船レイプ号に手持ちの大砲五門を全部載せて島原に廻航させ、城を砲撃させた。クーケバッケルは幕府の信用を博するのはこの時とばかり、自分もレイプ号に乗り、二月二十四日に島原に到着し、陸上及び船上から連日砲撃を加えた。その効果はただちに現われ、叛徒側にもよほどこたえたらしく、三月一日に攻城軍に矢文をとばして、「日本には立派な武士が大勢いるのに、なぜオランダ人の援助を求めるのか」と抗議したのは有名な話である。やがて城攻めの円陣も次第に絞られ、これ以上砲撃を続けるとかえって死傷者が出るので、オランダ船は大砲だけを残して平戸に帰ることを許可された。原城の陥落は四月一日のことで、全叛徒は戦死し、または処刑された。

あとで松平信綱が弁解がましく述べているところによれば、オランダの助力を求めた理由は、オランダが果して口先だけでなく実際に武力を提供する気持があるかどうか、とくにキリスト教徒への攻撃を躊躇《ちゅうちょ》しないかどうかを試すつもりだったという。この話が果して幕府の本心を語っているかどうかは、保証の限りではない。当時の幕府の方針は少なからず行きあたりばったりで、必ずしも長期の見通しや綿密な計画に基づいたものではなかったからである。しかし、外国軍隊の助力を仰ぐなど、本来なら幕府にとって不面目きわまる話であることを考えれば、松平信綱の談話は恐らく一面の真理をあらわしているであろう。そうとすれば、島原の乱は結果において、オランダ人の前に置かれた踏絵にひとしい役割を果したことになる。そして、むろんオランダ人にとっても、この踏絵は踏みやすいはずがなかった。他のヨーロッパ諸国から「宗派が違うとはいえ、同じキリスト教徒を裏切ってまで、金もうけがしたいのか」という非難をさんざん浴びているからである。それにもかかわらず、あえて幕府への協力に踏み切ったからこそ、幕府はその誠意を認め、オランダ人の日本来航を引続き許すことに決定したのである。こうしてアジアでは中国人、ヨーロッパではオランダ人が、日本に来て取引することを許される唯一の国民となった。このような幕府の政策がオランダにとってどれほど喜ばしいものであったかは、想像にかたくない。一六三九年末に日本を出港してバタヴィアに帰り着いたオランダ船から、ポルトガル船日本渡航の禁令が出されたことを聞いた東インド総督は、いよいよオランダだけが他のヨーロッパ諸国をさしおいて日本貿易の利益を独占出来るようになったのを喜び、同年十二月十日に祝賀と感謝の催しをバタヴィアにおいて盛大に行なっている。その気持は十分に理解出来る。

しかし日本に滞在するオランダ人の生活上の束縛は一六三九年頃からますます強化され、女性をオランダ人の傍にはべらせることや、牛の屠殺を禁じたり、参府旅行の人数を制限したりした。そして最も重要な出来事は一六四〇年十一月に起った。この月の八日、幕府の大目付井上政重は新築中の平戸商館を訪れ、商館の正面破風に一六三九という西暦の年号が入れてあるのを見た。井上はもとキリシタンであったが、改宗してキリシタン弾圧に辣腕を揮った人物だけに、これを見のがすはずがない。直ちに商館員一同を呼んで厳重に注意し、建物を全部取壊すように命じ、また今後商館長は一年毎に交代することを申し渡した。誠に乱暴な話だが、幕府高官に逆らうことはタブーであることをよく知っているカロンがおとなしくその命令に従ったので、大事に至らずに済んだ。商館の破壊後、新商館の建設場所についていろいろの推測が行なわれ、ある者はもとの通り平戸に建設されるのだといい、他の者はポルトガル人退去後の長崎に移転されるのだといって、諸説紛々であったが、やがて後の説が正しいことが明らかになった。カロンに代った新任の商館長マクシミリアン＝ル＝メールが江戸に参府した際、商館の長崎移転についての通告を受けたのである。井上政重の平戸訪問から数ヵ月を経た後のことであった。

一六四一年六月半ばに、時の商館長ル＝メールと商館員一同は、平戸藩主や多数の市民に惜しまれながら、長崎の出島に移り住んだ。ポルトガル人を隔離するために築かれた出島は扇形の埋立地で、鎖国と共に空家となっていたのでオランダ人を収容するのにちょうどよく、また松浦藩の領内にある平戸より幕府直轄領である長崎の方が、格段に管理が行きとどくわけである。人種的にも日本人に近い中国人の場合は、幕府の方針もはるかに寛大であり、市内の縁故者や知人の家に宿泊を許すのが常であった。彼等が長崎の南の郊外にある唐人屋敷にまとめて滞在させられるようになったのは一六八八年以後のことにすぎない。これに反して出島は長崎の町から隔離され、ただ一つ長崎とをつなぐ木の橋には番人がいて、オランダ人が日本人と接触するのを取締った。

またオランダがあれ程反対した糸割符の件についても、一六四一年以後は五ヵ所商人に配分することが定められた。しかし、オランダ人の生活上の不便はさておき、日本にとって一層影響甚大だったのは、日本人の海外渡航が一切禁止されたことであろう。いうまでもなく、これは海外に渡航した日本人がキリシタンとなって帰国することを恐れての処置であったが、これによって朱印船貿易の活動はぴたりとやんでしまった。

当時、日本人町または日本町と呼ばれるものが存在したのは、フィリピンのマニラ郊外のディラオとサンミゲル、ヴェトナム中部のツーラン（現在のダナン）及びその附近のフェーフォ、カンボジアのプノンペンとピニャルー、タイのアユタヤなどであったが、この他にも日本人の居留地は東南アジア沿岸の各地に及んでいる。日本町と呼ばれるものは一定の区画を持ち、日本人の指導者がある程度の自治を行なっていたもので、そのうちで最も有名なのがアユタヤ日本町の山田長政であったことはいうまでもない。彼は駿河の下級武士から身をおこして、アユタヤ王朝に仕え、陸軍大臣からリゴールの太守を歴任し、政敵に暗殺されたが、このように下級武士やキリシタン大名などが海外の新天地を求め、やがて異郷に定住する例も少なくなかった。彼等は武芸に秀でていたので、日本人傭兵は各地で珍重されたが、このような軍事的活動にもまして重要だったのは、彼等の経済的活動である。その取引の対象は現地産の日本向け商品（生糸、鹿皮、鮫皮、染料としての蘇枋《すおう》など）が主であり、また日本から来る朱印船が取引相手の首位を占めたのは当然である。こんにちの日本人の海外旅行者が見知らぬ土地で、現地の事情と言葉に強い在留邦人をどれ程頼りにしているかを考えれば、朱印船と日本町とのむすびつきは容易に想像出来るであろう。しかも——売買の立場は全く逆だが——朱印船のエコノミック＝アニマルぶりも、こんにちの日本商社の東南アジア市場へのすさまじい売込みと、似ていないこともない。朱印船がひとたび来航すると、日本商人は現地産の商品をほとんど買占めるため、商品の価格は騰貴し、競争相手の立場にあるヨーロッパ商人達は、非常な苦境に陥るのが常であった。

したがって、朱印船の渡航禁止がこれらの日本町にどれ程大きな影響を与えたかは、想像にかたくない。日本町の商人達は最大の顧客を失ったのみならず、日本本土からの若い人材の補給をも絶たれてしまったのである。もともと海外に移住した日本人は男性が大部分であり、そのほとんどが東南アジア各地の女性と結婚せざるを得なかったので、本国からの移民の中絶が、長い間にこれら在留邦人の東南アジア社会への同化という結果を招いたことは、怪しむに足りない。圧倒的多数の原住民の中に同化していくのだから、あるいは埋没といった方が一層適切かもしれない。日本人移民はその立場が似ているために、しばしば華僑の東南アジア進出と比較され、もし鎖国政策が行なわれず、日本人の海外移住の波が絶えることなく続いていたならば、その経済的地位は華僑を凌ぐものであったろうなどという説がある。ことに太平洋戦争前後にこういう主張が多く現われたが、卑近な実用に即して立てた説は大して意味がなく、歴史学は仮定の事柄にあまり立ち入るべきではあるまい。

さて、日本移民の現地社会への埋没を待つまでもなく、いまやオランダ人や中国人は日本へ渡航出来る唯一の有資格者として、朱印船に代って彼等の前に立ち現われたのである。今や彼等は一転して、在留邦人が集める商品を買いたたくことの出来る有利な立場に立つことになり、これが彼等の貿易を一層みのり多いものにしたのは当然である。

これほどの貿易上の優位にもオランダはまだ満足出来ず、中国船をも日本貿易から追い出そうとしていろいろの策略をめぐらしたが、江戸幕府はもしオランダ一国とだけ交渉する場合に、あまりにもオランダのペースで貿易を行なわざるを得なくなることの不利をおそれて、これに従わなかった。オランダは中国船のみならず、タイが日本との国交貿易を復活しようとする数回の試みを、その都度妨害して遂に断念させているし、カンボジアでも同じような希望を持っていたのを中傷によってやめさせたり、一六五〇年には日本に向ったカンボジア船を途中で捕えて積荷を没収することさえした。日本が鎖国政策を定めた段階までは江戸幕府にほぼ全責任があるが、一旦成立ったこの状態を二世紀以上もの間、かたくなに守ったのは、むしろオランダ人の策動によるものである。このために日本はかなり損をしている。

さて、このようにしてほぼ三十年にわたるオランダの平戸貿易時代は終わり、以後は長崎出島を通じての日蘭交渉時代が十九世紀半ばまで続くことになる。長崎出島についで、すでに多くの絵や文章があるが、ここでオランダ人の日常生活にふれておくのも無駄ではあるまい。もちろん出島の生活にもいろいろの変遷があった。ここでは十七世紀後半の相対《あいたい》貿易時代の様子を、オスカー゠ナホットの名著『十七世紀日蘭交渉史』の一節から紹介してみよう。

オランダ船は最も早い場合で七月初旬、おそい場合でも九月初旬に長崎に入港する。一年毎に交代する商館長は、八月到着の船で赴任するのが普通である。船が日本の海岸に近づくと、船の全乗組員はオランダ貨幣、祈禱書その他、キリスト教の儀礼に関する品物一切を、品名目録を添えて船長に渡し、これはすべて、すぐに樽に詰めて封印する。

長崎の海岸の見張り場を通過する時に三度礼砲を放つ。これを聞いて日本人役人が船に上って来、官職名、年齢等を書いた名簿を受取る。長崎の港に碇泊すると、また号砲を鳴らし、旗を立てる。やがて各船の前後に和船が一艘ずつ附添い、その中で二人の番兵が昼夜を分かたず、監視に立つ。

翌日、長崎奉行所の役人が船に上って来て、オランダ側の提出した一覧表に基づいて積荷検査をする。もし商品や人に少しでも異同があれば、質問攻めにあい、思わぬ面倒なことにもなる。もちろんこれは、カトリックまたはプロテスタントの伝道のための物品が密輸入されることを懸念したものである。

そこでようやく荷物の積みおろしが始まるが、これはオランダ人でなく日本人労働者が行なう。いわば失業救済のためで、手間賃は会社が払うのである。その日当は半グルデン。労働時間は日出から日没までときまっている。

船荷が倉庫に移されると売買開始まで封印される。また乗組員が下船したあとの船室も同様に封印される。オランダ人は今までくり返し、これをやめてくれるように願い出ているが一向にやむ気配がない。そればかりか、動かすことのできる大砲、武器、さきに述べたキリスト教関係の危険物入りの樽なども、日本人の監視のもとに陸揚げされ、出帆の時にようやく船上に戻されるのである。

全商品の到着を待って、町々の掲示板に恒例の商品目録が掲示され、また長崎奉行が取引の期日を決定し、発表する。取引は普通三、四週間続き、九月の下旬か十月上旬に当るのが例である。商品は日をきめて日本商人に展示される。展示場は地階から吹き抜きで高さ一二フィート程あり、二つの広い階段がついている。展示品はテーブルの上に銀の盆に載せてあり、夜は日本の役人の監視のもとに、これを小分けして倉庫におさめる。

この展示日に続いて競売が行なわれる。買手の商人は希望の買値を紙に書き、これを係の役人に提出し、最高値をつけた者が買うことにきまる。いわゆる入札である。取引の全期間中にこのような競売日が四、五回あり、その度毎に商品の計量と受渡しが行なわれる。出島の陸に接した方の側の、ふだん閉じたままの扉はこの時だけ開かれ、一〇〇艘以上の小舟がここで荷物を受取る。会社は取引期間中、毎日三〇〇人の労働者を傭うのである（富永牧太訳、オスカー＝ナホット『十七世紀日蘭交渉史』二三四―二三五ページによる）。

さて、このような生活上、取引上の不便とひきかえに、オランダ東インド会社は日本貿易の独占に成功した、と一般には考えられているが、これにはかなりの註釈が必要である。今まで見た通り、オランダ人は唯一のヨーロッパ国民として通交貿易を許されたにすぎず、アジア人としては中国人も同様に来航を許されたのである。しかも、実際の貿易額については、次の章で述べるように、中国人の方がオランダ人を上廻ることの方が多かった。ただ中国船による輸出入額は数字的史料に乏しく、大勢がよく分からないのははなはだ残念である。

さて、明治以来の日本の歴史書で、鎖国の利害について論じたものはかぞえきれないほどである。また、蘭学という名で知られる、西洋文明の日本への影響については、すでに論じつくされた感があり、外界に開いた唯一の窓という長崎港の形容も、今では色あせた感じがする。それゆえ、ここでは全く角度を変え、オランダ東インド会社にとって果して日本貿易がどのような意味を持っていたかを、考えてみたい。

鎖国以後も貿易額についての制限は、のちに至るまで課せられなかったので、ポルトガルからの商品の供給が絶えた一六四〇年には、オランダ船による輸入額は六二九万グルデンにまで達し、これは日蘭貿易史上最高の額であった。その後も毎年ほぼ一定して輸出入を行ない、その純益は多い時には一八五万グルデンをこえ、少ない時でも三〇万グルデンを割ることはほとんどなく、ましてや欠損の年は一度もない。日本の輸入品の大勢は生糸、織物、鹿皮、鮫皮などの皮革類で一貫していたが、日本からの輸出品の主流は、銀、金、銅、樟脳《しょうのう》など次々に変って来ている。簡単にいえば、日本はオランダのもたらす商品に見合う程の輸出商品を持たなかったので、地金や貨幣を支払いにあてたのであり、その意味で日蘭貿易は全くの片貿易であった。幕府は豊富な産出量にまかせて、最初には銀、次いで金、最後に銅の正貨や地金を順々に喰いつぶしていったと考えてよい。そして、逆にオランダが日本に対して金、銀、銅などの貨幣で支払うことは絶無であった。十七世紀初頭には年間二〇万キログラムというボリビアのポトシ銀山に迫る程の産額を誇ったと見られる銀や、十八世紀には世界最大の産出を見たと伝えられる銅の濫掘《らんくつ》の結果、日本を現在のような鉱物資源に乏しい国にしてしまったのである。その海外流出の量があまりに多いことが、次第に熊沢蕃山や新井白石などの識者の注意をひき、遂に十八世紀初頭以後、金、銀、銅の流出はきびしい制限を受けるようになった。

これ程おびただしい金属の流出がオランダ東インド会社をうるおさなかったはずはない。東南アジアの各地で日本の銅銭が今なお残存しているし、また会社の各地商館の間でやりとりした書簡の類を見ると、日本の金銀についての記録は至るところで見出される。「小判」という日本語はもはや立派な商品名としてオランダ語の記録にも「日本のクーバン」と記されているのである。さきに述べたような日本貿易による利益は、喜望峰から日本まで散在する多数のオランダ商館のうちで、群を抜いて高いものであった。岩生成一氏の指摘によれば、たとえば一六四九年の各地商館の純益は次の通りであった。（一グルデン＝一二スタイフェル、一スタイフェル＝二〇ペニング）

	グルデン	スタイフェル	ペニング
日本	七〇九、六〇三	四	一五
台湾	四六七、五三四	一八	一〇
ペルシア	三二六、八四二	六	七
スラット	九二、五九二	九	四
マラバール	四二、九六四	一七	〇
ウィングルラ	二五、七八〇	一六	一〇
スマトラ西岸	九三、二八〇	一五	三

ジャンビ	二〇、五二六	五	九
アチェー	二、九五三	〇	六
マカッサル	四三、五二三	一六	六

このうちスラット、マラバール、及びウィングルラはいずれもインド西岸にあり、ジャンビとアチェーはむろんスマトラにある。日本の商館は二位の台湾をはるかに引き離しているばかりでなく、二位と三位を併せた位の利益をあげ、ましてや四位以下の商館の利益を全部合計しても、日本で得る利益の半分以下にすぎない。しかもこの他に、セイロン、コロマンデル、アンボン、バンダ、マラッカ、タイ、バタヴィア、マウリティウス島、ソロール島などの商館はすべて欠損であったことが伝えられている。オランダ東インド会社は、このような諸商館の欠損分を日本商館から得る利益によって補っていたわけで、利にさといオランダ人が、幾多の屈辱にもめげず日本との貿易を継続した理由も、この辺にあるということが出来よう。

五　陸にあがる

バタヴィア攻略失敗の後も、マタラム王スルタン＝アグンはオランダ人に対する敵意をすぐには和らげなかった。一六三一年及び三二年から翌年にかけて、王は二度ポルトガル使節に会っている。立派なアラビア馬などの贈り物をもたらした使節は、両国が協同してバタヴィアを攻撃することを提案しているが、すでにマラッカ自体がしばしば封鎖をこうむり、形勢不利になっているこの頃のこととて、実現の可能性はうすかった。そのような事情もあって王は遂にポルトガルを全く見限り、およそ一六三五年頃、マタラムの政策に一つの転機が訪れたと見られる。「マタラムがバタヴィアを取りたいと思ったことは疑いない。しかし、今やますます確かなことだが、この町を征服しようという望みはとうに捨てている」と一六四一年十二月の総督の一般政務報告は述べている。もっとも王の態度が変ったといっても、直ちに会社との和平を望んだわけではない。ただ、オランダ人を忠実な臣下として遇してもよい、という気になっただけの話である。しかし今や強者の立場にある会社は、そうまでして和平を成立させる気持を持たなかった。和戦いずれともつかぬ状態のまま、王は矛先を東に転じて一六三六年にはグレシク附近に拠るイスラム教の君主スーナン゠ギリを滅ぼし、さらに一六四〇年頃までにはジャワ島東端のバランバンガン地方をほぼ完全に征服し、その住民の多くをマタラム領内に移した。我々は普通にこの王をスルタン゠アグンと呼んでいるけれども、彼が正式にスルタンと称するようになったのは、実は一六四一年のことである。この頃バンテンの王がメッカからスルタンの称号と旗を贈られたことが、マタラムを大いに刺激し、ジェパラ港にほそぼそと商館を営んでいるイギリス人をなかだちとして、メッカから称号を受けた。正式にはスルタン゠アブドゥル゠ムハンマッド゠マウラナ゠マタラニというのであった。恐らくこの事件は晩年の王にとって大きな慰めであったろう。その四年後の一六四五年、彼は宮廷の一室で息を引取った、とジャワの年代記は伝えている。ジャワの歴史にしばしば見られる典型的な専制君主で、敵のみならず彼自身の家臣をも常に虐待したものの、スルタン゠アグンのジャワ征服の事業はマジャパイト王国統一以来のめざましい功業であった。ただ、強敵オランダとこの小さな島で覇をきそわねばならなかったことは、不幸なめぐりあわせというべきであろう。やがてその子アマンクラット一世が即位した。彼は東インド会社に好意的であり、一六四六年に両者の間には平和条約が結ばれた。もっと

も この場合、王はあくまで体面を傷つけたくなく、条約は会社の側から和を乞うた形になっていた。また条文の中で、バタヴィアはマタラム王のもとに毎年使節を派遣して貢物を献上することが定められ、もしマタラム王が希望するなら、王の使節をメッカへ連れていく義務をも、会社が負うことになった。

平和条約の常として、両国が協力して共通の敵に当ることが明記されているのは当然であるが、そのあとに追加条項として、会社はいくら王から強要されても、本来友好的な関係にある諸国とは戦うつもりがない、と念を押している。さしあたってこの条項に関して問題となったのはバリ島であった。アマンクラット一世は父王アグンが一六三九年にバリ遠征の際に蒙った敗北の復讐をしたいと考えていたが、会社はその都度《つど》バリ島と事を構えるつもりのないことを明言し、結局バリ遠征は行なわれなかった。

さらに興味深いのは、貿易に関する条項であって、会社は王の臣下が「全諸島で」自由に貿易を行なうことを認めているが、同時に、「ただしアンボン、バンダ、テルナテに行ってはならず、またマラッカおよびそれ以西に行ってはならない」という附則を示して王の同意を求め、王は即座に承諾した。こういう重要な条項を追加の形で入れるのがオランダ人の老獪なところで、貿易を許可するという規定は、この一項ゆえに有名無実と化してしまうのであり、これこそ会社の思う壺であった。したがって会社が毎年マタラム王に献上する品々は、会社の独占貿易を事実上承認してもらうための特許料と化してしまったといえる。ただしその額は毎年六万グルデンと推定されるが、これはこの頃のオランダの中級商館の年間純益に匹敵する程の金額であって、これと引換えに得られる貿易の特権がいかに大きくても、かなりの負担にはちがいなかった。事実、この頃のバタヴィア商館は欠損勘定となっている。

いずれにせよ、この平和条約がバタヴィアにもたらした影響は大きかった。バタヴィアは外敵に襲われる危険を免れたのでますます発展し、この港に集まる胡椒や米の量も激増した。その周辺に集まるアジア人の数も増加の一途をたどり、バタヴィア周辺の土地はどんどん掘り返されて砂糖きびなどの作物が植えられた。なかでも目ざましい増加を示したのは中国系移民であった。しかし時の総督コルネリス゠ファン゠デル゠レインが公式報告の中で、「神のおかげで、バタヴィアは今黄金時代を迎えている」と述べた中には、かなりの誇張と希望的観測がこめられている。会社の上級職員と下級職員との間の溝は深まる一方であったし、貿易にまつわる不正や腐敗もこれまでにまさるものであった。さらに注目すべきことは会社職員以外のオランダ市民の激減であった。東インドを見限ってオランダに引揚げる市民の数は、これまでになく多かったのである。会社は相変らずこの同国人達を厄介視していた。「貧乏な間はよく働くが、財産が出来ると会社に反抗し、その法令に違反するようになる」というのが、オランダ市民に対しての会社のきまり文句であった。一方オランダ市民の方でも、会社当局が自国民より、中国人やイスラム教徒をはるかに優遇しているとして、これと同等の待遇をしてくれるよう、会社の株主総会のみならず、連邦議会にも持ち出している。

植民地における中国人の効用については、すでに一六一七年八月の本社から東インド総督に宛てた訓令の中でも、アンボン島への入植の必要を力説して、とくに中国人を挙げ、彼等は「勤勉かつ倹約であり、武力を持たない国民」であるから、他国民より優先的に渡航を許可すべきである、と述べている。のちに十八世紀に頻発するバタヴィア等の華僑暴動を考えると、「武力を持たない」という点については首をひねりたくもなるが、少なくとも鎖国以前の日本人移民がとかく武力に訴えがちであったのにくらべれば、中国人は概して平和的であったといえよう。さらに中国人が農業生産に精を出すのに、オランダ市民が一向にこれに興味を示さないというのも、会社にとっては不満の種となった。現在のオランダ人の園芸好きや中国人の商業への執着を知っている我々にとっては、これまた意外という他はないが、出稼ぎのつもりでいるオランダ市民達が、熱帯でのしんきくさい農業に従事したがらなかったのも、当然かもしれない。

もっとも農業嫌いという点では、会社自身も市民を非難する資格はあまりなかったのである。すでに何回か述べたように、会社が商業貿易にのみ熱中し、支配のための領土獲得を望んでいなかったことの、一つの証拠といえるであろう。大体オランダ東インド会社の特許状にさえ、条約締結、要塞構築や戦争についての規定はあるが、会社の領土についての規定はない。ポルトガルやスペインの船と交戦し、相手の船を分捕った場合には、船と商品を会社のために使用してよいという規定があるが、動かぬ土地を会社のために確保するという考えは、まだ稀薄であった。さきに述べたように、命令系統統一の必要もあって総督制をしいた会社は、さらにその常駐の根拠地としてのバタヴィアを得たのであるが、バタヴィア要塞のまわりの領地についての規定は、まだはなはだ漠然としたものであった。一六二〇年、すなわち、この地を獲得した翌年に、総督クーンが定めたバタヴィアの範囲は、「東はチレボン王国との国境、西はバンテン王国との国境、南は南海〔インド洋をさす〕、北は海上及び周辺の島々全部」というものであった。しかしこの境界線について、両隣りのチレボンとバンテ

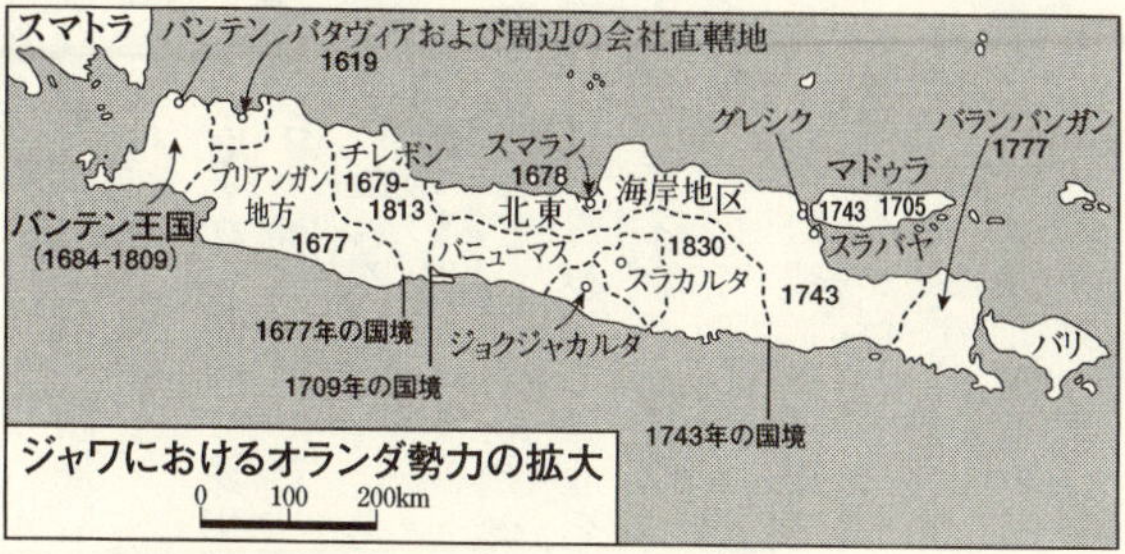

ジャワにおけるオランダ勢力の拡大

ンとの間にはっきりした協定が結ばれたわけではなく、もともと国境の明確でないこれら両国との間に、万一の場合の緩衝地帯をなるべく広く残しておこうというほどの意図にすぎない。インド洋に面する南岸にも一応言及してはいるものの、恐らくはこの方面に要塞を構築する含みを残しただけのものと思われ、しかも実際には十七世紀末までそのようなことは起らなかった。「北は海上及び周辺の島々全部」という文句はさらに漠然としているが、これはバタヴィアの港の北にひろがる小島の集団をさすものにすぎない。妙なたとえだが、会社はまだいわば狩猟漁撈の段階であって、定着農耕には興味を示していない。東の物を西に送り、西の品を東に移して利益をあげるのが会社の商法であった。

さきに述べた一六四六年の平和条約にしても、境界線については少しも触れるところがなく、のちに会社の宝物庫と化する西ジャワの肥沃なプリアンガン地方については、帰属をはっきり決めていなかった。万事を明文化したがる会社の方針に似合わぬこのやり方こそ、領土拡張についての会社の無関心を、何よりもよく示している。

このような傾向に変化が生じたのは、十七世紀の後半、更に詳しくいえば一六五三年から一六七八年までの、第一二代東インド総督ヨハン＝マーツァイケルの時代であるといわれる。

総督マーツァイケルはベルギーのルーヴァン大学に学んだ法律の専門家で、当時の会社職員としてはめずらしいカトリック教徒であったにもかかわらず、その博識と行政能力を買われて昇進を遂げ、ついに総督となったのである。在任二十五年に及ぶ総督は、東インド会社時代のみならず、オランダの植民地支配の終末に至るまでほかにない。そしてこの長い任期も彼自身の希望ではなく、再三辞任を望む彼を本国の会社首脳部が慰留した結果であった。彼は能吏型の人物で、かつてクーンが提唱したような新機軸の実行者ではなく、彼自身の後継者であるファン＝フーンスやコルネリス＝スペールマンなどのような植民政策への積極的な意欲にも欠けていたが、時代の推移は、期せずして彼を植民政策の曲り角に置いたのであった。

ちょうど彼の任期とほぼ重なる一六五〇年から八〇年にかけての三十年間に、インドネシア内の諸王国がいずれも内紛を経験し、やがて解体の過程をたどったのである。この多元的な動きはしばしば同じ時期に重なっていて、はなはだ複雑であるが、まずジャワやスマトラ以外の地域を見よう。

モルッカにおいてはすでにマーツァイケルの総督就任以前から、香料の独占的買付けや香料生産額の制限など、会社の高飛車な態度に憤慨して、しばしば叛乱を起していた。会社は軍隊を派遣して手ひどくこれを鎮圧したので、モルッカの衰退は著しかった。会社は原住民の中に親オランダ分子を育成して叛乱の際に備えようと考え、香料諸島の各地においてプロテスタンティズムの布教に努力した。もともとアンボン等にはポルトガル人によってカトリックに改宗した住民も多かったものの、このような布教活動は当然附近のイスラム教徒を刺激し、ことにマカッサルの王ハッサン＝ウディンはこの反オランダ運動を熱心に援助したから、やがて両勢力の争いは宗教戦争の色彩をおびたのである。一六五三年から五五年にかけて第一回の戦いが起り、五五年末に条約が結ばれたが、まもなく平和は再び破れ、一六六〇年に、遠征隊が組織された。この時の遠征軍司令官がのちの総督スペールマンであった。彼がはじめ商人であり、やがて情勢の命ずるままに提督や将軍にもなったことは、ちょうどオランダ東インド会社の運命の縮図ともいえよう。彼はこの過渡期にふさわしい行動的な人物で、一六六六年に二一隻の艦隊を率いてマカッサルを攻撃した。攻撃軍のうちヨーロッパ兵は少人数であったが、多数のアンボン人やブギ人（スラウェシ島南西部の原住民）がこれを援助した。ことにブギ人の統率者アル＝パラッカは、かつてマカッサル王により領地のボニを追われた身で、マカッサル王を深く怨んでいたから、喜んでオランダ遠征軍に協力した。

スペールマンは先ずスラウェシ南東方のブトゥン島を包囲しているマカッサル軍を襲い、次にモルッカ諸島に行って、数年前にスペイン人が引揚げたあとのティドーレの要塞を占領し、ティドーレのスルタンと一六六七年に和約を結んで、オランダの優位を再確認させた。また宿敵の間柄であるテルナテとティドーレとをあっせんして和平を成立させ、テルナテの援兵を率いてマカッサル攻撃を開始した。アル＝パラッカも旧領ボニの住民から喜んで迎えられ、これらの連合軍は四ヵ月の包囲の末、遂にマカッサル軍を降服させ、一六六七年十一月十八日、いわゆる「ボンガヤの和約」を結んだのである。マカッサル側の代表はスルタン＝ハッサン＝ウディン、オランダ側はコルネリス＝スペールマンであった。刊本で一〇ページに及ぶこの長文の条約は、インドネシア諸島の東半分におけるオランダの優越を決定的なものとした点で、極めて重要なものである。まず会社はマカッサルにおける貿易独占を確立し、オランダ人以外のヨーロッパ人は皆マカッサルから退去させられた。また、海洋王国として知られていたマカッサルは、海を越えて主張していたスンバワ、フローレス島の領土権を放棄させられ、マカッサルとモルッカ諸島との間の貿易も停止させられたのみならず、今までマカッサルの支配下にあったスラウェシ内部の小王国も皆分離独立して、オランダの保護下に置かれた。いいかえれば、もと海外にまで及んでいたマカッサルの主権は、単にマカッサルの港市の範囲に限られることとなったのである。しかもオランダは、マカッサルに要塞を構築し、スペールマンの生地にちなんでこれをロッテルダム要塞と名づけ、今後のマカッサルの動向を牽制したが、すでに潰滅状態になったマカッサルは、再びオランダに抗する力を持たなかった。

この頃、マライ半島の西北部ペラ地方は、豊富な錫《すず》の産出で会社の注目をひき始めていたが、この地方はスマトラ西北端のイスラム教国アチェーの支配下にあったので、総督マーツァイケルはアチェーの動向に興味を示し、今までインドのグジェラート商人によってインドに輸出されていた錫を会社の手中に収めるために、アチェーに干渉する機会をねらっていた。のちに述べるようにジャワの内政干渉に極度に慎重であった彼としては、意外なほどの積極性を示しているが、彼は彼なりに、貿易の利害のための干渉と政治的な含みをもつ干渉との間に、はっきりけじめをつけていたものであろう。事実、アチェーの最盛期を現出した王イスカンダル＝ムダが一六三六年に死去し、次の王イスカンダル＝タニも僅か数年で死ぬと、王の寡婦が位につき、すでに衰えつつあったこの国はますます瓦解の兆を見せて来た。マーツァイケルはこの機会をとらえ、スマトラ各地の小王国をそそのかしてアチェーから離反させ、ことに一六六三年以来、西海岸のインドラプーラ、ティクー、パダンの諸地方を会社の保護下においた。会社がこれら諸港での貿易独占の条件を確保したことはいうまでもない。

一六四一年以来、十年間の休戦を定めていたオランダとポルトガルとの間の協定の期限が切れ、一六五一年からポルトガルとオランダとの間の戦いが再燃したが、マラッカがすでにオランダの手に落ちている今、主な戦場はセイロンであった。オランダはセイロンのカンディー王朝の王ラジャシンハ二世と提携して、ポルトガル人を追い出すことを約束し、一六四四年頃にはすでに東岸のバティカロア、トリンコマリーの二港、西岸のガレに根拠地をおいて、ポルトガル人の拠るコロンボの港を牽制する動きを見せていたが、ついに一六五六年、半年にわたる包囲の後これを陥落させ、ポルトガル人を完全に駆逐して肉桂の貿易を独占するに至った。はじめラジャシンハ二世に返還されるはずだったコロンボは、種々の口実によって引続きオランダの所有に帰し、ためにカンディー王家は内陸に追い上げられて、僅か数港しか出口を持たぬことになった。オランダはさらにインド南東岸のネガパトナムや西側マラバール海岸にも手を伸ばし、マラバールの豊富な胡椒を手に入れるようになった。セイロン島の主要言語の一つであるシンハリー語のことわざに、物の交換によって損をすることを、「私は胡椒を与えてしょうがをもらった」というのがあるそうだが、セイロンの王家の苦い経験はまさにそれであった。

アフリカ南端の喜望峰に初めて到達したヨーロッパ船はポルトガル船であったが、一世紀半にわたるその後の東洋進出の間、ポルトガルはこの地域に興味を示さず、アフリカ南東岸の不便な小島、モザンビクを寄港地としていた。オランダとイギリスは喜望峰周辺の土地にひそかに目をつけていたが、一六五二年、ヤン＝ファン＝リーベックの率いるオランダ艦隊はのちにケープタウンと命名される地に上陸し、ケープ植民地の獲得に成功したのである。オランダ人はこの場所を「海の宿場」（ゼー＝ヘルベルフ）とあだ名した。ヘルベルフというのはヨーロッパやアメリカの街道筋にある、居酒屋をかねた安宿をさす。ちょうどアムステルダムからバタヴィアまでのほぼ中間点にあるケープ植民地は、オランダ船の乗組員達の絶好の休み場所となりそうに思われた。ここに要塞を築き、同地の原住民と平和を保ち、交易を行なうように、との訓令を、ファン＝リーベックは受けて来たのだが、食料の自給に苦労したのみならず、風波が烈しいために難破する船もあって、苦心の甲斐はあまりなかった。当時の航海につきものの壊血病の予防のため、新鮮な野菜や果物は不可欠であったが、その供給場所としてのケープ植民地を得たことによってオランダ船員の死亡率が減ったという記録は見当らない。この植民地の維持に手をやき、会社首脳部は「緊急やむを得ない場合の他はなるべくここに寄港するな」と指示したことさえある。ここにようやく定着した人々（いわゆるアフリカーナー）が本格的に農耕牧畜に精を出すようになるのは、十八世紀も終わり近くなってからの話である。

セイロンやケープ植民地の獲得は、ともかくも会社の航海の安全確保に多少プラスしたのに対し、タイオワンのゼーランディア要塞の喪失は大きな傷手であった。ただし、これは単に中国とオランダとの間だけの争いでなく、中国本土における政治情勢の変化によるものである。一六四四年満州に興った清朝が中国本土に進出して、ほぼ三世紀に及んだ明朝の支配権を奪うと、明朝の遺臣は多く中国本土から南方に逃れ、附近の海上での掠奪を業としながら明朝の復帰を望んでいた。彼らの指導者の地位を占めたのが、明の海上貿易家、鄭芝竜《ていしりよう》と、その日本人の妻（田川氏）の間に生れた鄭《てい》成功《せいこう》である。彼は明朝復帰に努力したため、明の王室の姓である朱姓を授けられたことから、国姓爺《こくせんや》の名でひろく知られている。一六五八年、南京攻略を試みて失敗した鄭成功は、根拠地アモイから台湾への移動を企て、一六六一年に二万五〇〇〇の兵力を乗せた大船隊を率いてゼーランディアの城を襲い、オランダ人の長官コイェットを降服させて、ここを根拠地としたのである。

鎖国以後の日本貿易の利益を争うオランダ船と中国船は、毎年中国産の商品を日本に輸入していたが、岩生成一氏の精密な考証によれば、オランダ船の中国商品輸入額、ことに生糸の輸入額は、一六四四年頃を境として、次第に中国船の輸入額に圧倒されるようになっている。このような時期に中国本土との私貿易の基地としてのタイオワンを失うことは、オランダにとってまさに弱り目にたたり目というべきであった。しかもその私貿易の様相も、同じ頃に一変する。すなわち一六六一年以後、鄭氏一族の海上活動に手を焼いた清朝は、大規模な海上貿易禁止令ともいうべき「遷界令」(「遷海令」とも書くが、界が正しい)を発して、中国沿岸の住民を強制的に海岸から一定距離を隔てた場所に移し、その海上交通を禁じたのである。これは鄭氏一派のみならずオランダの対中国貿易をもはなはだしく阻害したため、オランダ東インド会社は一六五五―五六年、一六六二―六四年、六六年の三回にわたって華南に船を派遣し、貿易を開くことを要望した。清朝としては、オランダに敵意を抱く理由はなかったが、当面は遷界令を強行して鄭氏の自滅を待つ方針であったため、交渉はその都度不成功に終わった。オランダにとっての中国貿易の苦境は、一六八三年に鄭氏残党が降服し、その翌年に海上交通を再開する「展海令」が発布されるまで続くのである。ただし、台湾の島は鄭氏の滅亡と共にはっきりと清朝の手に入り、オランダ東インド会社が再びこの島に根拠地を獲得できる見込はもはやなかった。

さて、今まで見て来たような各地での変化に際して、東インド会社は今までに見られない積極性を示してはいるが、依然として貿易独占を唯一最高の目的としている点で、さほど根本的な変化ということは出来ない。ところが、同じ頃ジャワに進展しつつあった情勢は、まさしく東インド会社の本質にかかわるものであった。この辺でジャワのマタラム王国に眼を転じることにしよう。

新王アマンクラット一世は、普通には暴君として知られ、たとえばホールの『東南アジア史概説』は、王について「残虐行為の怪物である」と評している。これは毎年彼を訪れたオランダ使節が、彼が臣下に与える気まぐれな賞罰や、王の持つ生殺与奪の権の大きさに驚き、それらを詳しく報告に書きのこしたことも、一つの原因となっている。しかし、こういう暴君ぶりは必ずしもアマンクラット一世に限らず、またマタラム朝に限ったことでもない。したがってのちに起るトゥルーノジョヨの叛乱にしても、王の暴政という点だけから説明するのは、いささか根拠薄弱であろう。一方、オランダの社会学者シュリーケはこれについて興味深い説を立てている。つまりアマンクラットの父スルタン＝アグンはマタラムのために領土を拡大したが、王国の統治組織そのものはまだ統一を欠いていた。そこで息子のアマンクラットはまだ地方にかなりの勢力を持っていた貴族達を王都の近くに住まわせ、さらに政略結婚によって彼等との提携を強めた。このようにして、地方の領主達は宮廷貴族と化したのである、という。なお一説には六〇〇〇人に及ぶ地方貴族（別の説によればイスラム教聖職者）とその妻子は王都に連行され、全員殺されたとも伝えられる。そして王はその虐殺によって生じた空白を、彼自身の腹心の官吏をそれぞれの地方に派遣することによって埋め合わせたのであり、しかも彼らが任地に定着して反抗勢力となる危険をさけるために、頻繁に転任させた。王はこれらの官吏を通じて租税を中央に吸い上げようと策したが、通信交通が未発達のため、徴税を彼等に請負わせる形となり、このことは結局彼等の権力増大を許して、王の中央集権化の試みは失敗した、とするのである。このシュリーケの説をどこまで受けいれてよいかについて、残念ながらその後の学界には新しい波紋を投じる者がないが、私の考えでは、シュリーケの指摘は恐らく正しいように思われる。領土拡大が一定の限界に達して伸び悩んでいる彼の治世において、国内の安定が焦眉の急と考えられたのは当然だからである。アマンクラット王のもう一つの特色は、父アグンと異なり、ジャワにおけるイスラム教勢力の増大を喰いとめようとしたことであろう。たとえば父がふつうスルタンと自称したのに対し、彼はジャワ伝来の王の称号であるスフーナンの方をこのんで用いている。

いずれにせよ、このような政策に不満なジャワの地方貴族達は、マドゥラ王トゥルーノジョヨを指導者として一六七四年叛乱を起した。トゥルーノジョヨはマドゥラ王の子であったが、王位が父から叔父のチャクラニングラットに移った時、叔父王の暴政に苦しんでいた民衆の間に人気を得た。彼はみずからマジャパイト王家の子孫であると称し、ジャワの正統な君主をもって自任していた。そして巧みに人の心をとらえたので、叛乱は直ちに各地にひろがった。折しも一六七八年はジャワ紀元によればちょうど世紀の替り目に当っており、王朝の交代の時期に当るので、叛乱軍の士気が大いにあがったのも当然である。当時、王アマンクラットの長子アディパティ＝アノムは、はじめトゥルーノジョヨを支援する約束をしたが、その本心を知るに及んで彼から離れた。

このように重大な変化がジャワに起りつつある時、オランダ及び東インド会社はヨーロッパにおいて最悪の事態に直面していた。一六七二年にはオランダと英仏二国の間に戦端が開かれ、オランダはこの強大な敵に圧迫されて南部領土の大半を占領された。オランダは陸上では苦戦しつつも、海上では辛うじて持ちこたえ、のみならずアジア水域ではイギリス艦隊を破ったこともある。しかし、オランダ本国が危急に瀕しているというイギリスの宣伝はいつしかジャワにひろまり、日頃オランダに敵意を抱く者を行動へと駆り立てた。マカッサルの海賊達もトゥルーノジョヨに協力を申し出た。オランダによって貿易活動を妨げられた彼等はマドゥラやバンテンに多数移住して居り、この時とばかり、一致してオランダに反抗したのである。

このようにして会社とマタラム王は、期せずして共通の敵に悩まされることになり、アマンクラット王は前に定めた条約に従って会社の援助を懸命に要請したが、会社は本来の不介入の方針をたてに、これを拒否し続けた。事実、本国の危機的状況を考えれば、介入は明らかに得策でなかった。しかし、マカッサルの海賊が会社の貿易に与える損害があまりひどいので、遂に援軍を出すことになったのである。会社側は多少の勝利は得たものの、トゥルーノジョヨ軍の勢いは強く、北部ジャワの海岸地区は一時その手に落ちた。叛乱軍は中部ジャワの一部を占領し、東部ジャワのクディリを根拠地とした。しかも叛乱軍はさらに進んで、今日のジョクジャカルタの東南方にあったマタラムの王都プレレッドを襲い、一六七七年にはこれを占領して王権を象徴する宝物などをことごとく奪った。当時のジャワの年代記『ババッド＝タナ＝ジャーウィー』によれば、アマンクラット一世は、建設以来一世紀を経た王宮の破滅を、アラーから下された運命として受け入れ、王子アディパティ＝アノム以下、数人の従者を連れて逃れた。王はすでに重病にかかっていたが、会社の保護を求めて北部海岸のテガルに行く途中、死去し、近くのテガルワンギに葬られた。子アディパティ＝アノムは、オランダの指揮官スペールマンの助けを乞い、直ちに父の跡を継いでアマンクラット二世と称したが、オランダ人の保護のもとに即位したために、ジャワ人の間での彼の評判はきわめて悪かった。王は一六七七年から翌年にかけて、会社を代表するスペールマンとの間に一連の条約を結んだ。王は最初のうちこそ、「すべての者が服従する王」を意味するススフーナンの称号そのままに、相手方を見くだして勿体《もったい》ぶっているが、三度目の条約になると、親代りのスペールマンを「我が父なる提督」と呼び、オランダの支援を得てトゥルーノジョヨを滅ぼすことを熱望している。スペールマンはこの機会をのがさず、出来るかぎり会社のために有利な条件を確保しようとした。彼の巧みな交渉によって、オランダ東インド会社は以前よりはるかに有利な契約をマタラムとの間に結ぶことが出来た。その内容は、

一、会社の領土のパマヌーカン河までの延長
二、王の謝金完済までの間、ジャワの北岸及び東岸諸市ならびに海岸の保障占領
三、スマランの獲得
四、関税の免除
五、織物・阿片輸入及び米買付けの独占
六、ジェパラ及びその周辺に産する砂糖の買付け及び輸出の独占

等であり、その代りに会社は王を援助する義務を負った。なおこの他に、会社が王から得た特権の中で見のがすことのできないのは、ジャワ北東岸のレンバンに木材工場を開いて現地の職人を雇う許可を得たことである。レンバン地方は三世紀を経た現在でもインドネシア有数の木材産地として知られ、俗にジャワ＝ティークと呼ばれる良質のジャティ材を産し、この木材は船の材として最適である。しかもレンバンは港としてもすぐれていたことを考えれば、会社がここで新しい船を造り、今や絶滅に瀕しているインドネシア水域でのアジア人による地域貿易に、とどめの一撃を与える意図をもっていたことは明白である。

内政不干渉の原則を固持する総督マーツァイケルはスペールマンに向って、アマンクラット二世を見捨てて撤兵するようにすすめ、事毎にスペールマンの方針に反対し

たので、スペールマンが激怒し、「あなたの手紙には、あまり多くの苦情が次から次へと並んでいて、中に見当らないのは『天が降って来て全人類を殺す』という文句ぐらいのものだ」と毒づいたのは有名な史実である。ところで、スペールマンや彼の部下がともかくも援助しようと決意している、当のアマンクラット二世は、はなはだ頼り甲斐のない人物で、王宮を奪回しようとするオランダ側の努力をよそに、女色にふける有様であった。したがって、スペールマンの意図が個人的な友情などではなく、冷徹な打算に基づいていたことは、改めていうまでもない。

堅実経営を念願とした総督マーツァイケルは一六七八年に死去し、彼より積極策をとるファン＝フーンスがその後任となり、交渉の当事者であったスペールマンは貿易事務総長の要職に転じたので、会社の方針は大きく変り、一六七八年にはヒュルトの率いる討伐軍がクディリの町に拠るトゥルーノジョヨの軍を破った。オランダ軍はマジャパイト王朝から伝わるマタラムの王冠を神器（オランダの史料によれば、短剣、やじり、上衣から成る）と共に奪回し、この王冠はやがて神聖な儀式と共に、アマンクラット二世の手に戻されたが、この時オランダ側のタク少佐が、王に先んじて王冠を試しに自分でかぶってみてから渡したというエピソードが残っている。別の説によれば、彼は王冠のうちの最も高価な宝石を抜き取ってから返したとも伝えられる。当時の記録にはもちろん両方とも現われないが、単なる噂としても、この話は二つの点で象徴的である。第一に、これ以後のジャワの王権はことごとくオランダの承認と保護とを必要とし、それを得た者のみが正統性を主張し得るようになった。第二に、王冠（したがって王権）に対するオランダの干渉は、ジャワの民心をはなはだしく離反させ、民衆は外来者の保護に頼る正統の王よりも、その敵である不遇な王位継承権者の方にひそかな同情を寄せるようになる。そして会社は、そういう原住民の感情におかまいなく、紛争介入の度毎に貿易上の利権を増大させつつ、次第にその関心を領土拡大へと傾斜させていくのである。

さて、アマンクラット二世は、一六八一年、荒廃した王都プレレッドを捨てて新都カルタスーラを開き、一方、クディリの王宮を逃れたトゥルーノジョヨは、マカッサル人の援助を得てしばらく抗戦したが、遂に一六七九年に東ジャワのクルッド山中でオランダ軍に包囲されて捕えられ、アマンクラット二世により処刑された。しかし、まだ戦乱は終結したわけではなく、マカッサル人の海賊の平定にはなお数年を要し、また以前から野心を抱いていたアマンクラット二世の兄弟パンゲラン＝プーゲルも一六八一年に王に叛いたが、すぐに鎮圧された。同じ頃東部ジャワのグレシクの後方の山に住むイスラムの権力者パネンバハン＝ギリはかねがねオランダに対して敵意を示し、その保護を受けているアマンクラット二世を軽蔑していたが、一六八〇年四月、会社はマタラム軍と協力して、激戦の末これを攻略した。すでに八〇歳に達していたギリは重傷を受けて死に、かくてマタラム王の権威を認めなかったジャワ最後の小国も亡びたのである。

中部・東部ジャワに争乱が数年続いている間、西部ジャワのバンテン王国でも、次第に強まるオランダ東インド会社の重圧をはねのけようとして、懸命の努力を続けていた。ことに会社がバンテンの船のアンボン行きを禁止したことはバンテン王にとって大きな傷手であった。一六五一年に即位した新王アブドゥルファターは覇気に富んだ君主で、かつて諸国の船の集まる港であったバンテンの繁栄をとりもどそうと考え、バタヴィアのオランダ人との間に、国境問題に関して度々紛争を生じたが、会社は一六五六年にバンテンの港を封鎖し、五九年に至り、王に迫って平和条約を結ばせた。そしてこれ以後会社は今まで通りバンテンに居住する権利を確保したが、もとよりバンテンはオランダ人には好意を示さず、従来から商館をおいていたイギリス人はもちろん、フランス人、デンマーク人、ポルトガル人、他のアジア諸国人等をも誘致したので、一時バンテンは再び昔の繁栄をとりもどし、バタヴィアの有力な競争相手となった。バンテン人達は王の許可を得、イギリス人やデンマーク人の助けを得て、ペルシア、スラット、モカ、コロマンデル、ベンガルなどに航海したし、中国人の仲介によりトンキン、タイ、中国、マニラ、日本などと取引を行なったのである。またバンテンの商人達は東ジャワの港に麻や阿片などを運んだ。それだけでなく、彼等はオランダの禁をおかしてアンボン島へ貿易に行こうとまでしたのである。さらにイギリスやデンマークなどの船によってバンテンに運ばれるヨーロッパ商品の量もおびただしいものであった。これら商品は小さな船でバタヴィアに運ばれて売られ、バンテンはまるでバタヴィアの外港のような有様となった。イギリス船はマライ半島の錫に着目し、バンテン港を通じてこれをヨーロッパに運んだ。一時的とはいえ、バンテンの繁栄はこのように目ざましく、バタヴィアもしばらくの間は光を奪われがちなほどであった。すでにマラッカはオランダの手に落ちて久しく、アチェーまた振わず、あとから興ったマカッサルもオランダ東インド会社の重圧に屈した今、バンテンに訪れた最後の夕映えは目ざましかった。そして、ヨーロッパにおけるオランダの危機と、荷厄介なマタラムの騒乱にまき込まれた会社は、しばらくの間バンテンの独走を許さざるを得なかったのである。

一六七四年以後、バンテンは会社の動向に深く注目し、マタラム王と会社とがあまり親密にならぬよう、事毎に牽制し、またバタヴィアの東に位置するチレボン王国を通じて叛徒トゥルーノジョヨを援助したりした。事実、チレボン王家はバンテン王家と姻戚関係にあったので、チレボンが会社の保護を受けることになると、バンテン王はチレボンに対する支配権を主張して会社に宣戦した。

しかし、この時バンテン王とその王子との間に勢力争いが起ったのは不運であった。王子の名はアブドゥル＝カハルというのであるが、一六七六年に聖地巡礼から帰ったので一般にスルタン＝ハジと呼ばれている。彼は不在中に王が彼以外の王子を後継者に内定したことを憤り、ひそかに会社との間に気脈を通じていた。一六八〇年五月、バンテン王がチレボン問題に関して出兵しようとした時、宮廷内にクーデターが起こり、スルタン＝ハジが父王に代って即位したのである。ハジは即位するや否や、日頃の信条を実行に移して会社と友好関係に入ろうとしたため、父王は激怒して位に復し、以後三年間、父子の間に争いが続いたが、結局一六八三年にハジは父王を捕えてオランダ側に引渡した。かくてバンテンの起死回生を図ろうとした英主アブドゥルファター王は、捕われの身のまま、一六九二年に死去したのである。

スルタン＝ハジの勝利はオランダの援助によるところが大きかったから、彼は一六八四年に会社と条約を結んで、会社の特権を大幅に認めざるを得なくなった。新王はチレボン王国の支配権を完全に放棄し、会社に対して莫大な額の戦費を支払い、さらに会社に彼の王国の輸出入商品をすべて独占することを許可した。また従来バンテン王国とバタヴィアとの境界がチサダネ河であったのを再確認した上で、さらにその線を南方のインド洋まで延長した。会社は今やはっきりと、国境線の画定に最大の関心を持ち始めたのである。

かくて十数年にわたったジャワの戦乱が終わった時、オランダ東インド会社は直轄領として西部ジャワのプリアンガン地方、及びスマラン、チレボンの両港を持つのみならず、ジャワの二大強国マタラムとバンテンは、オランダ東インド会社の監督下に置かれることになった。この両国における主要輸出入品は会社の専売となり、また即位のために会社の軍隊の援助を要請した両国の王達は、会社に対して莫大な負債を持つことになった。もっとも、彼等が忠誠をつくす限り、会社はその負債の支払いを要求しない方針であったが、これは物質的負債を精神的義務に置きかえたにすぎない。ちょうど香料諸島で一世紀程前に起った事態が、今やジャワで起っていたのである。

海上貿易にもともとそれ程積極的に乗り出さなかったマタラムの場合は別として、昔日の繁栄を夢みるバンテン王国の二十年余りの努力も、アブドゥルファターの死と共に、跡かたなく消え失せた。オランダ人以外のヨーロッパ人はバンテンを追い出され、大部分はジャワのみならず、ほとんどインドネシア全域から引揚げざるを得なくなった。ポルトガル人は小スンダ諸島東端のティモールにかじりつき、イギリス人は、スマトラ西岸のベンクールー（旧名ベンクーレン）に一八二四年まで留まっていたが、いずれも交通の不便な僻地《へきち》のこととて、あまり振わなかった。さらにスマトラの土着君主達を見ると、会社との交渉が一番少なかった北西端のアチェーを別とすれば、パレンバン、ジャンビ、さらに対岸マライ半島のジョホールなどの諸王国は、内紛の度毎に会社の干渉を招き、次第にその貿易上の特権を認めざるを得なくなって来ている。結局カリマンタンを別として、全インドネシア水域における会社の貿易独占の念願は、この頃達成されたものと見ることができよう。

これらインドネシア諸王国の敗退は、イスラム教徒達の間に烈しい反響をひきおこした。この宗教本来の性格がかなり薄らいでいるこの地域においてすら、今や異教徒（カフィール）に対する聖戦（ジハード）が合い言葉となった。スマトラのパレンバンまたはジャンビ出身のラジャ＝シャクティはみずからイブン＝イスカンダル（アレクサンドロス大王の子孫）と称し、海賊の首領としてジャワ海を荒した。またマカッサル出身のイスラム僧シェイク＝ユースフはジャワ各地に檄を飛ばして原住民を反オランダ闘争に団結させようとし、その一党と共にオランダ官憲に捕えられている。しかし、彼等よりはるかに劇的だったのはスラパティの叛乱であった。スラパティはもとバリ島の奴隷で、オランダ軍の下で働いていたが、その侮辱的待遇に憤慨して逃亡した者である。彼は西部ジャワのバンドンの南東方にあるガルングンの山岳地帯を根拠地とし、同じくバリ人の部下を率いてバタヴィア南方の地域を荒し、のちにマタラム王アマンクラット二世の王都カルタスーラに逃れた。マタラム王は、さきに結んだ条約によって会社への忠誠を義務づけられているにもかかわらず、不用意にスラパティを受け入れ、またイブン＝イスカンダルともひそかに連絡を取っていた。そこで総督はスラパティ引渡しのために使節を派遣したが、この使節こそ、さきにアマンクラットに王冠を渡す際にちょっとかぶって見せたタク少佐だった。彼はまもなくジャワ人とバリ人との争いに巻き込まれて、他のオランダ人七〇人余と共に不慮の死を遂げ、アマンクラット二世はこれについて総督に遺憾の意を表したが、総督等はこれを謀殺と見なし、王への一切の援助を拒絶した。この事件を境に、王とスラパティとの間は急に冷却し、スラパティは王宮からジャワの最東端に逃れて、ここに自分の王国を築こうとした。その後の彼の動静については、我々は十八世紀初頭のところでかえりみることにしよう。

貿易から領土支配へと会社の関心が転じるにつれて、土地の生産力というものが見直されて来る。新しい商業用作物としてこの頃からクローズアップされるものに、まずコーヒーがある。コーヒーを初めて味わったオランダ人は一六一六年にアラビアのモカにおもむいたアブラハム＝ファン＝デン＝ブルークであるというのが定説となっているが、アムステルダム商品市場が扱うコーヒーは十七世紀の終わり頃に至るまで南アラビアのイェーメン地方産のものに限られていた。しかしその利潤の大きいことは早くから人々の注目をひき、またこの頃からアラビア全域に勢力を及ぼしていたオットマン＝トルコ帝国が、コーヒーの海外輸出を制限したので、一六五八年にはセイロンで栽培が始められている。一六九六年にマラバール海岸のオランダ軍司令官アドリアーン＝ファン＝オンメンはインド西海岸のカナノールから、コーヒーの苗数本をジャワに送ったが、この苗は一六九九年の洪水と地震により、水浸しになって失敗した。同じ年、再びマラバール海岸から苗が送られ、園芸に趣味を持つ総督ファン＝アウトホールンはこれを庭に植え、移植は成功した。苗から取れた種子はジャワ各地で試験的に蒔《ま》かれ、次の総督ファン＝ホールンの時代には、とくにバタヴィアの周辺、プリアンガン地方、チレボン地方などで著しい成功をおさめた。しかし中部・東部ジャワでは、新しい農作物の導入に対して住民の間に心理的抵抗があり、西部ジャワほどには普及しなかった。

オランダ東インド会社の直轄領であるプリアンガン地方においては、取引の方法そのものが今までと違って来た。オランダのインドネシア進出の初期には、売手と買手との相談によって価格をきめるのが普通の取引方法であったものが、オランダ東インド会社の政治上・経済上の優位が圧倒的なものとなるにつれ、商品の価格も数量も、会社の方針に従って一方的にきめられるようになる。もはや売買というよりは強制的供出の性格を帯びて来る。これが制度化したものを義務供出制といい、最初にこの制度が実施されるのが、さきに述べたプリアンガン地方であった。オランダ向けの綿糸買入れについて、一六九四年にこの制度が実行に移され、やがて蠟、胡椒、藍《あい》、硫黄などの品目に及んだのである。めざましい成功を示しつつあったこの地方のコーヒー栽培が、義務供出制の下に組み入れられるのは、もはや時間の問題であった。

コーヒーだけが商業用作物ではない。香料や胡椒についてはすでに述べた通りだし、その他にも砂糖、茶、棉、藍、ゴムなどがある。中にはコーヒーより栽培の歴史が古いものもある。しかし、このほろ苦い飲みものほどジャワの農業の在り方を、いやジャワそのものを変えたものは恐らくないであろう。その意味で、コーヒーと共に明けた十八世紀はジャワに大きく脚光を当てたことになる。そしてその光が鮮かなだけに、黒く彩られる陰の部分もまた限りなく暗かったということが出来よう。

六　塗りこめた首

オランダ東インド会社にとって、十八世紀は十七世紀よりも面白味の少ない、単調な時代だというのがほぼ定説になっている。インドネシアにおける会社の地位の確立に費されたそれまでの一世紀は、会社の成功を無条件に約束していたわけではない。未知の東南アジアの一角に取りついた時期もおそく、またそれを支える本国も弱小であったオランダにとって、一つ一つの戦いに文字通り危急存亡がかかっていた。それがようやく内外の競争者を排除し終わった今、皮肉にも会社の将来性はいつのまにか小さくしぼみかけていた。船は毎年豊富な荷を積んでヨーロッパの市場にもたらし、配当は不規則ながら二〇—四〇パーセントに及ぶ年もあったので、局外者はその繁栄を疑わなかったが、会社の財政状態は決して満足すべきものではなかった。相次いだ戦争の費用、領土の拡大に伴う人員や施設の増加など、支出はふえる一方であるのに、貿易額はむしろ減少しつつあったのである。

「安く買い、高く売る」という会社の伝統的政策そのものが破綻したわけではない。

むしろその方針に徹した結果、インドネシア原住民は貧困化し、ヨーロッパの商品はもとより、インド産の綿織物さえ買う余裕を失うようになる。ジャワに綿織物自給の風潮が生じたのもその一つの現われであった。インドネシアは最後までオランダにとって原料買付けのための市場であって、本国で産出する商品の販売市場としての性格を遂に持たなかった。「ジャワで商品を売ろうとしても欠損にしかならぬ」と十八世紀初頭の総督ファン＝ホールンはしばしば本国に書き送っている。イギリスなどと違って、オランダが近代化の波に乗りおくれたことは、こういう点にもよく現われている。いずれにせよ、華やかな外征に特徴づけられる十七世紀に対して、十八世紀はインドネシア現地社会――とりわけジャワの社会――への内部浸透によって特徴づけられる。

東部ジャワに根拠地を持つスラパティは絶えずマタラム王アマンクラット二世を苦しめたので、マタラム王は断絶状態になっているオランダ東インド会社との同盟を復活しようと、何回か会社に対して働きかけたが、はかばかしい進展もないまま、王は一七〇三年に死去した。晩年の王は何の実権も持たず、内外の圧力によって定見なく動かされていたが、死ぬ数日前、王子に国政を委ね、王権を象徴する神器を譲り、次いで大部分の重臣達はこの新しい王をアマンクラット三世（別名スーナン＝マス）として承認したが、ただ一人、王の弟のパンゲラン＝プーゲルは、これを拒んだ。彼は政治的野心に富み、すでにトゥルーノジョヨの叛乱の際にも、先王アマンクラット二世から王位を奪おうとしたことがある。しかし、新王アマンクラット三世が有名なオランダ嫌いであることを知っている会社側は、新王がかつてスラパティと気脈を通じていたことを理由に、あえて大義名分に叛いてプーゲルを推し、マタラム王国は二つに分かれて争うことになった。これを第一次ジャワ継承戦争という。プーゲルは会社の助けにより、一七〇五年には王都カルタスーラに入城して即位し、パクブウォノ一世と称した。敗れたアマンクラット三世は東部ジャワに逃れてスラパティと合流したので、会社は再び遠征軍を組織し、翌一七〇六年にスラバヤに上陸して彼等の根拠地バンギルを占領した。スラパティは逃亡の途中、負傷して死に、さらに一七〇七年にはアマンクラット三世もスラパティの遺児と共に捕えられ、セイロンに流刑された。かくて一七〇八年には平和が訪れたが、会社の軍事活動に全面的に頼らざるを得なかったパクブウォノ一世は、一七〇五年の会社との条約で、歴代のマタラム王との条約を全部認めた上に、さらに会社の権利の増大を強いられ、会社は一六八〇年の境界を東へ一〇〇キロ余りずらしてロサリとチラチャップを結ぶ線まで、直轄領を拡大した。またマドゥラ島の東半分も会社の勢力下に入った。

その後数年間ジャワは平和であったが、一七一二年にスラパティの残党マス゠ブラヒムやプラブージョコなどが東部ジャワで再び活動を始め、一七一九年に至って、ようやく平定された。オランダ人のおかげで即位することの出来たパクブヴォノ一世が死去したのは、同年二月のことである。ド゠ヨンゲによれば王は死に先立って会社の軍司令官ホビウスに相談し、三人の男の子のうち、一番末の王子に跡をつがせたい旨を伝えたが、司令官はとっさに判断を下しかね、国の重臣と相談するために、首都カルタスーラを留守にした。あたかもその留守中の二月二十二日、王は死去し、長い間跡つぎと定められていた長子が即位してアマンクラット四世と称した。彼は抜目なく二人の弟や叔父アリア゠マタラムを、贈り物などで懐柔しようとし、また会社から承認を得るまでは、王冠に手を触れなかった。しかし、これだけ用心したにもかかわらず、彼の弟や叔父は彼の即位を不満として叛き、かくて第二次ジャワ継承戦争が始まったのである。この戦争は一七一九年から二三年まで続き、中部ジャワの一部と東部ジャワ全体を混乱に陥れた。会社はアマンクラット四世を支持し、カルタスーラに攻め寄せた敵を撃退した。ほとんどすべての重臣に叛き去られた王は、これまでの王達と同様、会社に頼るより他なく、会社は各地での苦戦の末、一七二三年五月、叛乱の指導者達を捕え、セイロンやケープ植民地へ流刑に処した。セイロンに送られた者の

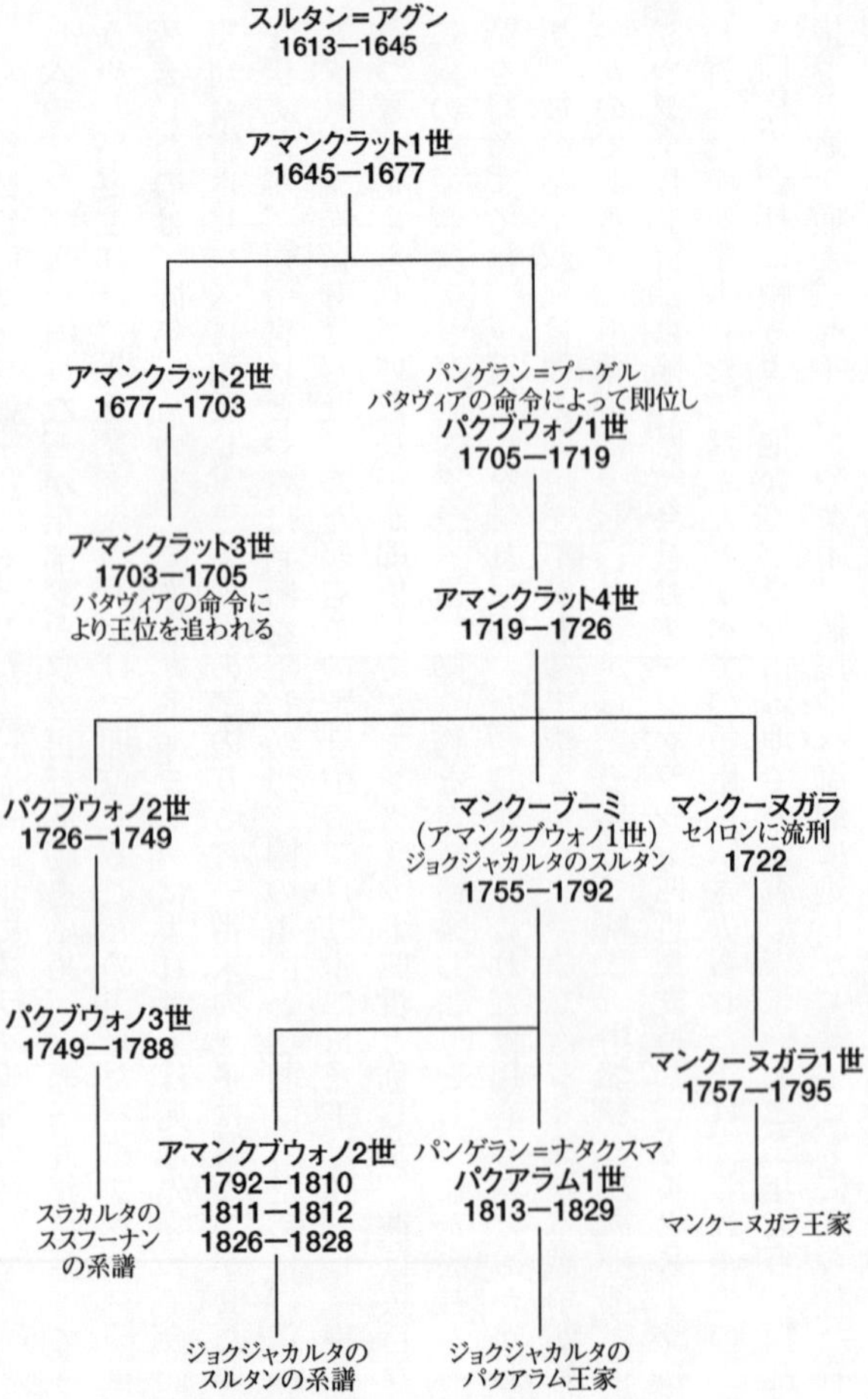
スルタン=アグン
1613—1645
アマンクラット1世
1645—1677
アマンクラット2世
1677—1703
パンゲラン=プーゲル
バタヴィアの命令によって即位し
パクブウォノ1世
1705—1719
アマンクラット3世
1703—1705
バタヴィアの命令に
より王位を追われる
アマンクラット4世
1719—1726
パクブウォノ2世
1726—1749
マンクーブーミ
(アマンクブウォノ1世)
ジョクジャカルタのスルタン
1755—1792
マンクーヌガラ
セイロンに流刑
1722
パクブウォノ3世
1749—1788
マンクーヌガラ1世
1757—1795
アマンクブウォノ2世
1792—1810
1811—1812
1826—1828
パンゲラン=ナタクスマ
パクアラム1世
1813—1829
スラカルタの
ススフーナン
の系譜
マンクーヌガラ王家
ジョクジャカルタの
スルタンの系譜
ジョクジャカルタの
パクアラム王家

マタラム王室の系図(フレッケ著『ヌサンタラ』229ページによる)

中には、十五年前の叛乱の首領スラパティの息子と、その子供達もまじっていた。三代にわたるオランダへの抵抗も、遂に無為に終わったのである。すべて会社の思うように落着はしたものの、優柔不断であったためにこの大事を招いた司令官ホビウスが、したたか油を絞られたことはいうまでもない。

総督府は度重なる戦乱に疲れていたけれども、今までの戦場は主として中部及び東部ジャワであり、バタヴィアからは遠く離れていたのである。したがって第二次継承戦争が終わりに近づいた一七二一年末、ひざもとのバタヴィア市中に騒乱が起ったことは、総督府の胆を冷すに充分であった。しかし、この騒乱について触れる前に、我々は当時のバタヴィアの内外の様子を、いろいろの史料にもとづいて、出来る限り再現してみよう。

十七世紀末頃になると、オランダのインドネシア経営もかなり軌道に乗って来て、本国から派遣されて来るオランダ人の他に、インドネシアに永住し、この地に骨を埋めるオランダ民間人（すでに述べたように自由市民と呼ばれる）も多くなって来た。この時代になっても、インドネシアまで旅するオランダ女性の数は極めて少なかったから、これらのオランダの男達は原住民の女性と結婚し、混血の子孫を残すことになった。父方の姓をいつまでも残すオランダの戸籍に従って、たとえ度重なる混血の結果、あまり本人がオランダ人の面影をとどめない場合でも、姓はド゠ヨンゲとかファン゠ヘーケレンとかいうのであった。

ジャワ史の大家ド゠ハーンはバタヴィアの住民のタイプを、幾分冗談をこめてホモ゠バタヴィエンシス（バタヴィア人）と呼んでいる。これはもちろんオランダ人の異名バターヴィーをもじったものである。彼等が自分の民族名にちなんだバタヴィアに移り住んで、やがて新しい生活に適応していく過程は、決して容易なものではなかった。太陽の恵みの薄い北海の国と、赤道直下といってもよい熱帯の島とでは、気候の差は明らかである。当時のヨーロッパも決して衛生状態はよくなく、しばしばペストなどの大流行を見ているが、熱帯アジアにはこのほかにもいろいろの疫病があり、長い船旅を終えて到着するオランダ人のうち、抵抗力のない者はどんどん死んでいった。一六二七年に東インド総督として二度目に着任したクーンは、僅か数週間のうちに、子供、母、義弟を相次いで失ったと伝えられる。衛生状態の悪いことだけでなく、風土に合う体質と合わない体質ということもあったであろう。

こういうわけだから、バタヴィア在住のオランダ人の間でも、健康法についてさまざまの論議がされた。最も多い死因は赤痢だったらしいが、この原因は椰子酒の飲みすぎという説がある一方、強い酒を飲んでいれば赤痢にかからないですむとする説も現われた。もっとも、その代り他の熱病で死にやすいというのだから、結局同じことである。酒といえば、オランダ人は実によく酒を飲んだ。「我が国民は飲まなければ死んでしまう」とクーンは書いている。もともとオランダはジンの発祥の地で、ライデン大学の医学部教授フランシスクス＝ド＝ラ＝ブーが、大麦の麦芽を蒸溜してこの酒を造ったのは十七世紀後半のことであり、その製法がやがてイギリスをはじめ、各地にひろまったのであるが、バタヴィア在住のオランダ人も、暑気払いと称して朝のからっぽの胃に、かなりの量のジンを流し込むのを常とした。ジンだけではなく、砂糖きび、米、檳榔《びんろう》などから造る地酒のアラク酒を好む者も多かった。他の病気予防法としては煙草がある。当時はオランダ産の葉巻が安く買えた時代だったが、葉巻よりはパイプの方が人気があった。ことに夕方掘割の方からかすかに吹いて来る風を受けながら、ヴェランダに坐っている時など、オランダ男は年中パイプを口から離さなかった。

この風がまたくせもので、涼しい風を身体に受けすぎると風邪をひくと信じられていた。インドネシア語の「マスッアンギン」（風邪をひく）は、直訳すれば風が体内に入って来るという意味である。ことに海から吹く風は海岸の泥の悪臭を運んで来るので、健康に悪いことになっており、バタヴィアに住み慣れたオランダ人は、朝九時に窓や戸をかたく閉じて海風を入れないようにした。そうなると暑さの方もたえがたいので、カーテンを引いて日光をさえぎる。夕暮時に新しい空気を入れた方がいいのかどうかについては説が分かれるが、夜の外気はもっとも危険だとされ、かならず風を入れないように注意した。まったくド＝ハーンもいう通り、当時の人々が空気にばかり神経を使って、土地、水、住居の環境などに無頓着だったのは不思議である。十八世紀に入っても、バタヴィアが地上で最も不健康な都会だというのがもっぱらの評判であった。船で運んで来た重病人はバタヴィアに着くと必ず死んでしまう、というのが定説であった。

船が北からバタヴィアの海岸に近づく時、まず見えて来るのは、漆喰《しっくい》で固めたいかめしい城壁である。これがいわゆるバタヴィア城であり、総督や彼の補佐役である東インド評議員ははじめの中ここに起居した。他のオランダ植民地の要塞と同様、土地の風物とは不似合いな西洋風の要塞である。全体のプランは正方形で、四方に三角形のやぐらが張り出し、敵に備える形となっていた。やぐらにはダイヤモンド、ルビー、サファイア、真珠というやさしい名前がつけられていた。一六二八年の地図では、まだバタヴィア城のすぐ北側までジャワ海が迫って来ているが、十七世紀半ば頃にはかなり海岸が発達し、十八世紀後半の地図になると、さらにひろがった海岸の中程に、バタヴィア城を海から守る外壁とやぐらが築かれて、城の守りは一層固くなっている。

東インド会社の総督、それを補佐する東インド参事会員、バタヴィア守備隊などは皆この城内に住んでいた。城の大きさは何度か修理されたため正確には分からないが、一七四〇年頃の規模で城壁の一辺の外側が二八〇メートル、内側が一五〇メートル位であったと思われる。城壁はクーンの時以来のもので、はなはだ古くなり、十八世紀には壁が崩れるからというので、礼砲を一度に沢山発射することを禁じた位であった。城の周囲には堀割がめぐらされ、南側にある橋だけが城の中と外とを繋いでいる。堀割の水はボゴールの東方の山から流れ出てバタヴィアを貫流するチリウン河の水を引いている。オランダ語ではこれを大川（Groote Rivier）と呼んだ通り、初期には河口の辺の幅は六〇－七〇メートルあったように見受けられる。川から城の脇を通って海の方へ、二筋の石の防波堤が八〇〇メートル程突き出ており、大きな船が町に入港するのに便利なように出来ている。船の通行には便利でも、ただでさえ水はけの悪いチリウン河の排水をこの防波堤は一層悪くするので、一〇〇人程の奴隷が運河の水を毎日かい出す作業をしている。そうしないと泥の多い水はたちまち河口を塞いでしまうのである。河口には多数の鰐《わに》がいて、犬などの死骸が流れて来るとすぐに食べてしまうが、市中の運河ではそうはいかず、一七七〇年にこの地を訪ねたイギリスの探険家ジェームズ＝クックは、これらの運河の一つに牛の死骸が何日も浮んでいるのを見た、と述べている。

天然の河をいくつもの運河に分けて市街を縦横にめぐらすのはオランダ人のお家芸である。アムステルダムの運河は中央広場を中心とする同心円状のものと放射状ののとの複雑な組み合わせから成っていたが、バタヴィアのはデルフトなどと同じく碁盤の目のようで、見た目には整然と、町のプランを決定している。そしてオランダ人はこの外郭にも城壁を造り、その上に一定の間隔を置いてやぐらを造った。街路ややぐらにオランダの州や大都市の名をつけているのも、彼等のノスタルジアの現われであろう。この城壁にかこまれた南北約一四〇〇メートル、東西約一〇〇〇メートル位の地域がバタヴィアの町であった。城壁の南側に唯一つの城門があり、前の堀割にはゴッホの絵を思わせるようなはね橋がかかっていた。人口三〇〇万をこえる現在の大ジャカルタ市から見れば、何十分の一にも足りない大きさである。町の南端に近い所に一七一〇年に建造された市の公会堂があり、丸屋根に風見の塔を持つこの建物は、現在のジャカルタにもまだ残っている。旧市内の建物でこんにちまで残っているものは多数あり、大体は二階建で、漆喰の白壁や、高くいかつい屋根に特徴がある。

バタヴィアの市民の中で、会社職員と一般市民とをはっきり分けて考えなければならないのは、第三章などで述べた通りである。クーンが大いに誘致しようとして失敗した一般市民達は、半世紀以上経ったこの頃になっても、余りよい待遇を受けていたとはいえない。海上貿易その他、彼等がしてはいけない事柄があまりにも多すぎ、彼等の行動範囲は事実上バタヴィアの町とその周辺に限られていた。もっとも一般市民とはいっても、彼等は大抵オランダ東インド会社の元職員であり、その意味で、会社と全然関係のないオランダ人は極めて少なかったといってよい。

「バタヴィアで、怠けている中国人や、働いているオランダ人またはインドネシア人を見つけるのはむずかしい」とジェームズ゠クックは書いているが、会社職員に関する限り、これは当らない。若い職員達は毎朝五時半に起き、六時に働き始め、夕方六時まで仕事をする。その間休むのは朝食の三十分と、昼食の二時間だけである。しかも、もし沢山仕事があれば六時以後も蠟燭をつけて残業をする。彼等の主な仕事は貿易その他の記録の帳つけであるが、コピーの利かない時代だから、同じものを書き写す仕事もかなりある。各地からの報告などもコピーを作り、本国に送る分と保留する分とを分ける。鵞鳥《がちょう》の羽のペンで羊皮紙に書きつけた彼等の飾り文字は花模様のように優美で、概してすこぶる達筆である。彼等がバタヴィア城の外に出られるのは水曜と日曜の午後だけで、しかも午後七時までという門限が定めてある。別にレクリエーションがあるでもなく、屋根裏にあるじめじめした暑い宿舎に帰って寝るしかない。しかも給料はひどく安い。こういう若い職員達はバタヴィア以外の各地をも含めて二〇〇―三〇〇人位いた。会社の職人達もこれに劣らず虐待され、靴屋は一日一足ずつ靴を作らないと牢に入れられる有様であった。船大工も腕がよく、会社が没落した十八世紀の末頃でさえ、世界にバタヴィアにまさる造船所はない、とクックの賞讃を受けている位である。

オランダ人一般市民に関しては、かなり事情が異なり、さきのクックの批評も大いに当っているということが出来る。辛苦の末に産をなした者が多いためか、自分の富裕ぶりを人に見せつけるのが常で、成金趣味はこの新開地の隅々にまでみなぎっていた。したがって出来るだけ召使や奴隷を使い、自分はのんびりと毎日を過すのが普通であった。事実、働くに適した気候ではなかった。はなはだしい場合には子供の教育も召使にまかされ、とくに女の児の教育は投げやりであった。

オランダ人が、バタヴィアの他の住民達、とくに原住民や華僑に対してとっていた態度は、恐らく十九世紀の初めにラッフルズが述べているのと、それ程違わなかったであろう。彼によれば、オランダ人は傲慢な態度を示す一方、裏切りや危険をおそれて極度に臆病であったと伝えられる。十八世紀を通じて度々起こった騒乱のことを考えれば、それも当然であろう。

バタヴィアはジャワ島にあるにもかかわらず、中部・東部に住むせまい意味のジャワ人とはちがう、スンダ人の地域に属していた。そのため、生粋のジャワ人は、かなりあとになるまで非常に少なかった。この町がまだスンダ＝カラパとかジャカトラとかいわれた頃の原住民は、恐らくスンダ人であったろうが、これを一応別とすれば、バタヴィアの最も古い住民に数えられるのはバンダ人であり、クーンの悪名高いバンダ諸島征服の際、全滅を免れたバンダ人数百人がここに強制移住させられたのである。彼等は事件後十年もたつ一六三三年までは、実際に鎖につながれていたと伝えられる。またアンボン人の移住は十七世紀中頃であった。その他ブギ人、マカッサル人、マライ人など、まさに人種展覧会の観があった。さらにインドネシア以外のアジア人としては、日本人、モール人、中国人（中国系混血児を含む）がいた。岩生成一氏の指摘によれば、一六三二年十一月のバタヴィア市民人口調査の結果は次の通りであった。

この表の内訳にはいろいろ不明な点が多いが、いずれにしても明らかなのは中国人の多いことである。オランダ人会社職員と一般市民とを合わせた数をも上廻るほど

会社使用のオランダ人	1,730
オランダ人自由市民	638
日本人	83
中国人	2,390
会社の農民	1,254
各種奴隷	1,010
マルデイケル（解放奴隷）とその奴隷	649
原住民その他	304
合　計	8,058

で、もちろん他にこれ程人口の多い単一民族はない。中国人や日本人は団結性が強く、扱いにくいのを知っている総督府は、中国人の中から福建省同安出身の蘇鳴崗、日本人の中から大坂出身の楠市右衛門を選んでそれぞれの民族の首領に任命し、これをカピタン（甲必丹）と称した。カピタンの下には副首領ともいうべきライテナント（雷珍蘭というあて字を用いる）その他の役職を置き、自国民の取締や、裁判・徴税などを自主的に行なった。

前にも述べた通り、日本人は武勇にすぐれ、東南アジア各地で傭兵として名をはせていたから、すでにバタヴィア建設の初め頃から多数が移住している。日本が鎖国政策をとったため、バタヴィア居留の日本人も、東南アジアの他の日本町と同様、本国との連絡を絶たれ、他の民族と次第に混血して同化され、十七世紀末頃には日本人の名前が史料に現われることもほとんど稀になった。岩生氏の研究によれば、一六一八年から一六六七年までのバタヴィア在住日本人の出身地別の統計は、次ページの表の通りであるという。

この表を見ても分かるように、日本人は延人員で数えても総計一一三人しかなく、しかも鎖国後は減少の一途をたどったのであるが、これにひきかえて中国人は、折しも明末清初の動乱期にも当り、移住する者の数はますます増加して、十八世紀の初めにはバタヴィアの内外で一万数千人を数えるようになったらしい。もっともこの時代の人口統計はあまりあてにならず、ド＝ハーンは一七三〇年から四〇年頃の中国人人口を五〇〇〇人以上と推定している。

総督府は中国人移民に対してほとんど常に友好的政策をとっており、両者の間の摩擦はほとんど起ったことがなかった。むしろ中国系住民の巧みな商業活動により、ジャワ農民は次第に彼等の圧力に屈しつつあり、のちの植民地社会に特有な、支配権力のエイジェントとしての華僑の性格は、すでにこの頃から萌芽を見せ始めている。現地生れの中国系住民（中国語で僑生、インドネシア語でプラナカンと呼ぶ）にはたえず原住民の血が混っていくのに、彼等は文化的・社会的に原住民を一段低く見ているふしがあり、その意味

出身地	男	女	計
長崎	27	7	34
平戸	6	16	22
田平	0	2	2
大村	1	0	1
肥前	1	0	1
筑前	1	0	1
薩摩	1	0	1
堺	3	0	3
大坂	1	0	1
伏見	1	1	2
京都	1	1	2
駿河	1	0	1
江戸	1	2	3
不明	28	11	39
計	73	40	113

で中国人と原住民との間は決してしっくりいっていなかった。

いずれにせよ、十八世紀の当時としてはかなりの規模の都市の内外で、単一民族としては最大のグループをなし、しかも他民族からは比較的孤立している中国人が、突然何かの事件をきっかけとして社会的緊張状態に巻き込まれるのは、決して不思議ではない。のちに述べる一七四〇年の華僑虐殺事件はこのような歴史的背景を持っていたということが出来よう。そしていわゆるエルベルフェルトの陰謀事件も、植民地社会のもろさを露呈した現象といえよう。その経過はこうである。

一七二一年十二月末、奇怪な噂がバタヴィア市内に広まった。何者かがジャワのヨーロッパ人を皆殺しにし、バタヴィアを奪い返す計画を立てている、という。当時のバタヴィアの住人達がこの噂にショックを受けたのは当然である。そしてこの年の末、中国の祭日の時に恒例の爆竹をさかんに鳴らしたが、それが町の周囲のやぐらの一つに当った。その中にしまってあった多量の火薬は幸いにも引火を免れたが、そういえば同じ年の八月にも馬車置場で大火事が起り、大損害を生じたのを人々は思い出した。陰謀の噂はにわかに真実味を帯びて来たのである。当局は不穏な動きを示している奴隷達などの間から「ジマット」を手に入れた。ジマットとはアラビア文字で呪文などの記してある護符の一種で、これを身につければ災厄を逃れ、不死身となると信じられている。これはもともと異教徒との戦いに用いられるものだから、何者かがオランダ人への敵対を企てていることは、誰にも想像出来た。この銅製のジマットの出所をたどりながら、当局のスパイは三人のジャワ人と一人のスンバワ人に嫌疑をかけ、訊問を続けるうちに、ドイツ系の混血の老人で資産家の、ピーテル＝エルベルフエルトが浮かび上って来たのである。総督ズワールデクローンは自邸に隣接する彼の土地を買いたかったが、エルベルフェルトが売らなかったため彼を怨んでいた。さて嫌疑を受けた者は皆捕えられ、なかでもエルベルフェルト、ジャワの貴族カルタ＝ドゥリア、スンバワ人ライエクの三人は残酷な拷問を受け、遂に陰謀をたくらんだことを自白した。それによると、彼等はスラパティの残党その他の不平分子と共に、一七二二年の元旦を期してバタヴィアを占領し、オランダ人を殺戮した後、エルベルフェルトがバタヴィア政府の首領となり、ドゥリアがバタヴィア周辺の地を治める約束になっていたという。しかし、彼等が何を述べたにせよ、長期にわたる拷問の結果得られた自白にさほど信用をおくことが出来ないのは当然で、恐らく大がかりな空中楼閣を築き上げたのは総督府の側で、むしろ被告達こそ被害者であったというのが真相のようである。当局は被告のうち、カルタ＝ドゥリアとエルベルフェルトを中世の異端処刑を思わせる野蛮な方法で処刑し、彼等の肉塊を見せしめのために辻々に曝《さら》し、頭部を郊外に置いて野鳥のつつくにまかせた。のみならずエルベルフェルトの家を完全に破壊し、その後に石の記念碑を建てて、その頂上に彼の頭蓋骨を塗り込め、オランダ語とジャワ語で次のような文句を記したのである。「処刑された国賊ピーテル＝エルベルフェルトに対する憎しみを記念して、現在、またはいかなる日にも、ここに家を建てたり、草木を植えたりすることを禁じる。バタヴィアにて、一七二二年四月十四日」

ある事をはじめたが最後、究極までやらねば気がすまぬ西洋の牧畜文明のしつこさが、ここにはいかんなく示されている。オランダが守るべきものはもはやバタヴィアの町だけではない。この巨大な島国におけるオランダの栄光そのものである。総督府は恐らくあらためてその重荷をひしと身に感じたのであり、一握りの被告達が無実か否かはもとより当局の眼中にない。そして対策は当然ヒステリックなものとならざるを得なかった。「草木を植えてはならぬ」という碑銘の一節もまことに皮肉で、そんな禁令を出すまでもなく、およそ植民地支配のあるところには、草も生えない。

昭和七年にジャワを訪れた詩人、金子光晴は、この首を見た感想を見事な散文詩に結実させている。読者はありきたりのモノクロームの写真からは決して得られない、太平洋戦争前夜の植民地社会のよどんだ空気を感じとるだろう。

エルヴェルフェルトの首

バタビヤの第一の名物は、総督クーンの銅像でもない。凱旋門《がいせんもん》でもない。それはピーター・エルヴェルフェルトの首だ。

全くそれは一寸《ちよつと》よそに類《るゐ》のないみせものである。

ピーター・エルヴェルフェルトといふ男は、生粋《きつすゐ》な謀叛人《むほんにん》であつた。彼は混血児で、奸佞《かんねい》な男だつた。十八世紀の頃和蘭《ころオランダ》政府を顚覆《てんぷく》し、和蘭人をみなごろしにする計画《けいくわく》をたて、遂行《すゐかう》のまぎはになつて発覚し、蘭人側《らんじんかは》のあらん限りの呪《のろ》ひと、憎しみのうちに処刑され、その首が梟首《けうしゆ》されたまま今日《けふ》までさらしつゞけられてゐるのである。

その首は、碑《ひ》の石壁《せきへき》のうへにつきでた槍《やり》の穂先にぬかれて、その穂先が脳天から一寸《いつすん》ばかりもうへのはうへ突出てゐる。槍も首（それは、木乃伊《ミイラ》になつてゐる）も、一つのものの様にさびついて、鉄屑《てつくづ》のやうに赤くなつてゐる。

厚い石壁のおもてには、和蘭語で、克明に梟首の趣意が刻みつけられてある。日輪からも、月からものろはれてあれといふ最上級の呪詛《じゆそ》の言葉だ。この近所へ、石をはこんだり、家《いへ》を建てたり、たゞしは耕作をしたりすることを、未来永《えい》恒《がう》にわたつて禁ずるとも書加《かきくは》へてあつた。おそらく彼らは自然に逆らつてまでも、さらしものがわからなくなり呪詛が忘れられることを恐れたのであらう。

この首のあり場所は、旧バタビヤのじやがたら街道《かいだう》のものさびしい所で、その前を旧バタビヤから、ウェルトフレデン（新バタビヤ）へゆく電車が通《とほ》つてゐる。丁度《ちやうど》この首のあるあたりから荒廃地になつて椰子《やし》の林がつゞいてゐて、強烈な太陽の光を浴び、それを引裂き、あらくれた意慾《いよく》で、ふざけまはつてゐる。むかしは、このあたりの瓦礫場《ぐわれきぢやう》がバタビヤ繁栄の中心であつたのだが、ペストの大流行のために人が全滅し、いまではこの辺《へん》に家《いへ》を建てたり、街《まち》をつくることはいとはしいことにさへおもはれてゐる。

エルヴェルフェルトの首は、一層、好都合な場所にあるわけである。

——こんなに固まるのはをかしい。その後《ご》つくり直したのではないか。

と、爪哇人《ジャワじん》の御者《ぎよしや》にいふと、

——加工してあるかもしれないが、真物《ほんもの》ですよ。

と答へた。辻馬車《サード》を近々《ちかぢか》と曳かせてエルヴェルフェルトに、顔をよせてみた。頰《ほほ》はこけてゐたが、顴骨《くわんこつ》が高く逞《たく》ましい骨ぐみの偉丈夫《ゐぢやうぶ》らしい骨格をうかゞふことがでぎた。壁のうしろは、一めんにくろ〲とした老芭蕉林《らうばせうりん》で、びりびりした葉がやぶれた旗か僧衣のやうに、首のまはりに縦横《じゆうわう》に垂れさがつてゐた。

その破れた葉は宙空《ちゆうくう》で、えものをがつちりくんだやうに、くみあつたままひつそりとしてゐた。そして恐しい殺気が、すきまもなくみなぎつてゐるやうにおもはれた。やがて、その葉はいきづまる緊張をくづして、コツ〲と骨をたゝくやうな声をたててわらひ出した。驟雨《スコール》がやつてくるまへぶれである。

ピーター・エルヴェルフェルトの首は、いぎりす人の忠告によつて、「非人道的であり、非文明的である」といふ見地から、早晩とりはらはれることになつてゐるといふ。しかし、蘭印《らんいん》の民族運動が基礎を鞏固《きようこ》にし、……の潜勢力が勢《いきほひ》づいてゐる今日《こんにち》、和蘭政府側では、この首の興行価値をこれからのものとして考へてゐるかもしれない。

あるひはまた、この首自身が、謀反の敗北を勝利にするのをながめてゐたいとおもつて、とりのけられることを大きに迷惑がつてゐるかもしれない。

狡智《かうち》と武器をもつて和蘭政府は、マタラム王朝を追ひつめた。彼等は土民を奴《ど》隷《れい》として、ながい強制労働に疲憊《ひはい》させた。笞《むち》と牢獄の脅《おど》しで、彼等土民の最後の一滴の血までをすすつた。三百年の統治のあひだに、爪哇は和蘭の富の天国となつたが、土人たちの心も、からだも、みわたすかぎり荒廃した。

バタビヤを出発して、チェリボン、スマラン、スラバヤまで、私は、どこでも、はりもない、力もない、疲れはてた人間のつらなりをみてきた。どのこゝろも、はずむことができない心であつた。

懶惰《らんだ》で、狡猾《かうくわつ》で、めさきのことで慾《よく》ばつたり、憤《いきどほ》つたりすることしかしらないからだ。

彼らのこゝろが猶《なほ》希望にむすばれてゐるとすれば、それはメッカの聖地の方角より他《ほか》ではない。回教は彼等のつかれた心の唄《うた》であつた。彼らはそこに現実を逃避する。彼らのはかない生涯の虚栄も、メッカに参拝して、ハジの位《くらゐ》をうけ、白いトルコ帽をかぶるといふ事にある。蓄財する張合ひもメッカまゐりの費用をめあてにしてである。

狡猾な汽船会社は、毎年、参拝航路船を出して、彼らが一生涯かゝつて作つた膏血《かうけつ》の結晶を、おほまかにこそげとる。衛生設備のために、かへりの航路、数百人が疫病《えきびやう》でたふれたといふ記事を読んだことがある。

彼らは猶回教の血で起上《たちあが》る力がある。彼らは回教王国の理想にむかつてサリカ[註]

ット・ブルウム・インドネシアの団結をつくつてゐる。彼らはなほスースナン（天地の柱の神。王族）の神聖を信じてゐる。和蘭政府は、そこでも彼らにしやぶらせる飴菓子《あめぐわし》として、スースナンの王位をソローに、回教のサルタンをジョクジャに封冊《ほうさく》して、政権を奪ひ、空名《くうめい》を存立させてゐる。そのうへ、彼らのうへには、いつもきなくさい砲口のニヒルが口をあいてゐる。外国に対する体面と、みえのため、土人達の進歩主義者を懐柔するため、教育の門戸《もんこ》はひらかれ、土人議員は選出される。しかもその教育は技術方面に局限され、議員の言論は、束《たば》ねて棄《す》てられる反古《ほご》にひとしい。総督政府は、貪婪《どんらん》な私利よりほかになにもないのだ。彼らの曲事《きよくじ》は彼らとして正しいので、彼らの爪哇に於《お》ける存在が已《すで》に詛《のろ》はれなければならない。それは嬰児《えいじ》にでもわかりきつてゐる。彼らを追ひはらひ、そのためには彼らをみなごろしにすることでも、爪哇人にとつては正しいのだ。しかも猶、コムミュニズムは、彼らには手のつけやうもない厄介《やつかい》な巨《おほ》きな機械のやうなものだ。

註　これはサレカット・カウム・ブル・インドネシア（インドネシア労働者会議）の誤りではないかと思われるが、この団体は一九三三年五月に設立され、イスラム教ととくに深い関係はない。

謀反人エルヴェルフェルトの首は、壁のうへで、いまもはつきりと謀反しつづけてゐる。たとへ彼の叛乱《はんらん》が、いかなる正義も味方しないとしても、叛乱である故《ゆゑ》をもつて、まつさきに正しいのではないか。ススーナンにも、サルタンにも和蘭にも、コムミュニズムにも、次々にきたるすべてのタブーにむかつて叛乱しつづける無所有の精神のうつくしさが、そのとき私の心をかすめ、私の血を花のやうにさわがせていつた。私はエルヴェルフェルトの不敵な鼻嵐《はなあらし》をきいたのだ。遠雷《ゑんらい》がなりつゞけてゐた。私の辻馬車《サード》は、じやがたらの荒れすさんだ路《みち》をかけぬけようとあせつてゐた。うちつゞく椰子林《やしりん》のなかの光は鈍《にぶ》く、反射し、てりかへし、あたかも、天地のすみ〴〵に、いたるところにしかけた火薬がふすぼりだして、いまにも爆破しさうな瞬間のやうにおもはれた。そして遠方にならんだ椰子の列は、土嚢《どなう》をつんだやうな灰空《はひぞら》の下《もと》で、一せいに悲しい点字の音のつゞくやうに機関銃をうちはじめた。

私は目をつぶつて、胸にゑがいた。剣《けん》に貫かれた首の紋章。ピーター・エルヴェルフェルト。

（白凰社『金子光晴詩集』による。文字、かなづかい原文のまま）

くだくだしい説明は不要であろう。ただ、詩人の眼に映じた「はずむことができない心」をもつインドネシアの民が苦心の末に独立し、もはやオランダ人の前で目を伏せる必要がなくなったことだけを附け加えておこう。近年この記念碑は復興され、再び町の名所となっている。

しかし、考えてみればエルベルフェルトの叛乱は、当局にとってまだ御しやすかった。もともとうさんくさい眼で見られている数人の男をいけにえの羊とすれば、事は済んだからである。一七四〇年の七月から十月にかけておこった華僑暴動は、まったく勝手のちがったものになった。

バタヴィア華僑の数は十八世紀前半においても増加の一途をたどっていた。彼等が中国の茶貿易の船に乗ってバタヴィアに運ばれて来るので、総督ファン＝ズウォルは茶貿易の不振を理由に茶の買入価格を大幅に引下げた。この結果、茶船は来なくなり、華僑の流入も一時減少したが、一七二二年頃からは再び茶船が来るようになり、それに伴って華僑の流入も再び激増した。その結果、中国人はバタヴィア市のみならず、北部海岸の諸都市にもひろく分布した。この中に貧困な者が多数いたためバタヴィア内外の治安もはなはだ悪くなり、総督府は考えた末、まず中国人が職を求めて放浪するのを禁止し、また内陸部で商店を開くことを禁止した。また一隻の船に一度に一〇〇人以上の移民を乗せて来ることを禁じたが、それでも間に合わず、ついに華僑放浪者の一部を本国に送還し、一部をセイロン、バンダ、ケープ植民地などに送って、農業労働に従事させようとした。もちろんすでに許可証をもらっている華僑はジャワに留まることを許されたが、この許可証交付に当ったオランダ人官吏が多額の賄賂を要求したため、当局と華僑との関係は次第に悪化した。しかも、このような取締にもかかわらず、不祥事件はあとを絶たなかったので、当時総督ファルケニールと事毎に対立していたインド参事会員ファン゠イムホフは一七四〇年の七月に許可証の有無にかかわらず、不穏分子を逮捕することを主張した。総督府の内部でもあまりに意見の対立が烈しかったので、逮捕の実施は不可能であったが、この噂が新しく来た華僑のみならず、すでに長い間ジャワに滞在している華僑をも不安におとしいれたのは当然である。

華僑暴動が起ったのはその年の十月である。すでに多数の華僑がセイロンに送られつつあったが、「セイロンに連れていかれるのではなくて、水平線の彼方で海に投げ込まれるのだ」という噂が立ち、またたく間に全華僑に広まった。もちろんこの噂は何の根拠もないものであったが、これを信じた多くの華僑は難をのがれてバタヴィアを退去し、郊外の砂糖きび農園にたむろする華僑放浪者と合流して掠奪を開始した。総督府はバタヴィア市内の華僑がこれに呼応して蜂起するのをおそれ、華僑街に立ち入って武器の調査を行なったが、この時一軒の家に火災が起ったのを、華僑達の総攻撃のためののろしと誤解し、オランダ人は原住民や奴隷と協力して、手当り次第に華僑を殺害した。植民史上に「バタヴィアの狂暴」と呼ばれるこの動乱は一週間続いたのである。当時華僑カピタンであったニーフーコン（連福公）は女に変装して郊外に逃れようとしたが発見され、虐待を受けた後アンボンに流刑された。カピタン制度は三年間中断された。事件について現在残っている銅版画は多数あるが、運河や街路がほとんど死骸で埋まるほどの惨状を描いている。衝突の途中までは当局の側も正当防衛という名分が立ったが、抵抗が終わってからの経過はほとんど一方的な殺戮にひとしく、とくにオランダ兵士が華僑囚人を惨殺するのをあえてとめなかったなど、総督の無為無策も事態を悪化させたのである。華僑犠牲者の数は一〇〇〇から一万まで、いろいろ説が分かれているが、事件後に三四三一人の中国人が生存していたという記述もあるから、皆殺しは免れたらしい。市内が平静に返った後、総督府は布告を発し、一ヵ月以内に武器を引渡した中国人は特赦する、と宣言した。しかし、今後の騒乱を防止するため、華僑はバタヴィア郊外の居住地を与えられて、ここに住むことになった。その後、市の東、南、西への大拡張に伴い、当時の郊外は市中に取込まれたのみならず、下町の一部となってしまっている。現在のジャカルタ市の北東方にひろがる中国人地区はその名残りである。

さて、バタヴィアでの華僑虐殺の知らせを聞いて、中部ジャワにいた多数の華僑は激昂し、レンバン、その他の都市でヨーロッパ人を殺し、スマランを包囲した。さきに第二次継承戦争の結果、マタラムの王位についていたパクブウォノ二世は、かねがねオランダ東インド会社の専横ぶりに不満を抱いていたので、ひそかに華僑を支援し、形勢有利と見て、公然と会社に叛旗をひるがえした。このため王都カルタスーラのオランダ軍は不意をつかれて大敗したが、やがてバタヴィアから到着したオランダ軍は、マドゥラの領主チャクラニングラットの協力を得てスマランの包囲をとき、華僑とマタラム軍とを敗走させた。パクブウォノ二世は軽率な行動を悔いて会社に謝罪し、会社は彼を許したけれども、今度は王の変節に憤慨した部下達多数が王に叛き、一七四二年七月華僑の援助を得て王をカルタスーラから追い出し、王宮に火をつけて市中を掠奪した後、アマンクラット三世の孫マス＝グルンディを推戴し、「彼こそが真のアマンクラット四世」とした（彼は普通スーナン＝クニンと呼ばれ、マタラムの王の中には数えられていない）。しかし、パクブウォノは再び会社の救援を乞い、一方アマンクラットの軍は中国人とジャワ人の間に仲間割れを生じたために気勢があがらず、遂に降服した。

ようやく危機を脱したパクブウォノ二世は、都をカルタスーラからその一〇キロ東にあるソロの地に移し、これをスラカルタ＝アディニングラットと名づけた。現在のスラカルタがこれである。王は変節や哀願など数々の醜態を演じた後なので、会社に対する立場もはなはだ弱くなり、一七四三年十一月、テーデンスに代った新しい総督ファン＝イムホフは王と条約を結んだ。これによって会社はパシシルと呼ばれるジャワの東北岸一帯を領有することになった。会社はマタラム王国を大きく包み込む形となり、この国のインド洋以外への出口をことごとく奪ったわけである。ジャワの南海岸には、中央部のチラチャップ以外には良港一つないので、事実上物資の密輸は不可能になり、マタラムの海上進出の見込は完全に失われたといってよい。こうして一七四三年以後、マタラムは正式に会社の属国となったのである。会社は新しく得たパシシル地方をジャワの東北海岸地区と呼び、スマランをその中心とした。

会社の忠実な同盟者であり、会社の中・東部ジャワ征服に大いに貢献したマドゥラの領主チャクラニングラットは戦勝の後、次第に会社と疎遠になった。会社は彼がジャワ内部の混乱に乗じてマドゥラを会社の手から解放して独立させる野心を持っていたと称し、彼に対して疑いの目を向け始めたのであるが、真偽の程は明らかでない。分割して統治する会社の方針からすれば、この成行きは避け難いものであった。チャクラニングラットは婚姻を通じてバリの王室と接近したが、このことはますます会社の疑いを深め、会社は一七四五年にマドゥラ島に兵を進め、遂にチャクラニングラットを捕え、彼をケープ植民地に追放した。彼の子は父の名を継いで西部マドゥラの領主に任ぜられたが、今やマタラムに代ってオランダ東インド会社が貿易、政治、外交などの実権を一手に握ることになったのである。

華僑暴動の前後以来、東インド総督府内の乱脈ぶりはその極に達していた。とくに騒乱当時の総督ファルケニールと参事会員の筆頭であるファン＝イムホフとの対立は有名である。ファルケニールはすでに数年来、彼の総督就任をファン＝イムホフが妨げて来たと信じていた。事実、会社首脳部に親戚を持つ後者が、一七三八年にセイロンからバタヴィアのインド参事会に栄転する時、ファルケニールの後任総督に任命するという密約を得ていたとしても、不思議ではない。しかもバタヴィア転任後のファン＝イムホフが、金離れのよさやジャワ豪族達への威厳の誇示などで、しばしば総督を軽んじるそぶりを見せたことは、いろいろな史料に見えている。

バタヴィアの華僑暴動が一段落した頃から、総督府内の対立は一層烈しくなり、彼等は互いに事件の責任をなすり合う泥仕合を続けた。暴動が一段落した一七四〇年十二月、ファルケニールはファン＝イムホフ等三人の参事全員を捕え、彼等を別々に本国へ送還したが、ファン＝イムホフは本国で首脳部に事情を説明した結果、かえってファルケニールの立場が不利になった。ファルケニールは二、三年前から提出していた辞表を、暴動の翌年の一七四一年にようやく受理されたが、本国に向う途中、ケープ植民地で彼は本国の十七人会の命令によって捕縛され、不適当な処置によって会社の損害を招いたかどで、再びバタヴィアに連れ戻されて監禁され、未決のまま九年の獄中生活を送った後、一七五一年六月二十日に死去した。

七　ジャワの支配

テーデンスに代って総督になったファン＝イムホフは、転んでもただでは起きないタイプの男である。政敵に強制送還されて本国にいる間も、彼は自分の立場の弁明のみならず、「東インド会社の現状についての考察」という意見書を会社首脳部に提出している。その自信に満ちた態度のみならず、意見書の内容もまた、一世紀以上前の総督クーンによく似ている。もっともクーンとイムホフの間にも、これに類する意見書は一六二三年、四四年、四七年、七五年の都合四回、会社首脳部に対して提案され、一六七六年の条令によって、最終的に葬り去られていたものである。その趣旨はいつも同じで、貿易の自由化に関するものであった。

ファン＝イムホフの構想も、過去四回の提案とそれ程違っていたわけではない。しかし彼は過去の提案を徹底的に検討し、自分の知識や経験でそれを補うことが出来た。彼は会社の没落の原因として、

一、会社の無駄な出費が多すぎること

二、時代が悪くなりつつあること
を指摘した。時代が変っていくのに昔ながらの貿易方針を守っていく愚かさを、彼は
攻撃している。また第三の原因として、会社職員の勤務状態が以前ほどよくないこと
を彼は挙げた。

会社の無駄な出費について彼はさらに詳しく論じ、これは会社の領土拡張政策の結
果であると判断した。彼はこの政策が自発的ではなく、やむを得ぬ事情によるもので
あったことを認めながらも、人間につきものの独占欲がこの傾向を助長したことを否
定しえない、とする。そのために会社の仕事はますます増加し、しかも将来の計画も
立たない。もはや、東インドのオランダ人は単なる商人ではない。原住民を支配し、
常に優越を保たなければならない。

ファン＝イムホフによれば、会社の欠点は商人と国家元首という二つの異質のもの
を無理やりくっつけたところにある。この傾向は十七世紀半ばにすでに認められ、十
八世紀半ばにはファン＝イムホフのみならず、他の識者達の眼にも明らかであった。
商業会社にはこの二重の仕事を遂行する能力はない。たとえば一七五三年に総督モッ
セルはこう書いている。「軍隊が濫費したものを商人が払わねばならぬ。そして貿易
が収入の不足を補わねばならぬ」と。しかしそんな一人二役は到底《とうてい》実行不可能であ

る。人々は数々の戦乱への介入を経て、ようやくそのことに気づき始めたのだ。

大体こういう意味の前置きをしたのち、彼は改革案を提示する。それは、航海、貿易、領土保有、内政の四項目に分かれる。

まず会社の航海については、彼は衰退の原因を船と船員の質の悪さに帰する。それゆえ、きちんとした方針に従って船を建造し、装備し、船員の質を向上させる。船を東インドに送り出す時期は春、秋二回にする。航海の針路については、従来の指令を尊重しながらも多少の自由を認める。

東インドとオランダとの間の航海に関しては、ファン＝イムホフは今までの原則を堅持する。すなわち「会社の最も重要な目的は、東インドとの間の航海であり、これを独占すればする程、会社は繁栄する」のである。この点は一世紀前のクーンの構想とやや似ている。しかし、会社職員に払う給料が少ないと彼等は不満を感じ、私貿易に熱中するようになるから、それを防ぐために、イムホフはむしろ最初からある程度の私貿易を会社職員に許可すべきことを力説する。すなわち酒類や、オランダの工業製品でバタヴィアやセイロン向けのものの一部を——会社に税を払うという条件で——私貿易に委ねるのである。また、今までとかく船員は無許可で私貿易商品を船に持込み、そのため船の荷が重くなりすぎることがあったが、それを防ぐために、手荷物許可の制度を全廃し、その代りに同額を金で支払うことを彼は提案している。

さて、東インド内での地域間貿易、とくにその西部、つまりタイ、ペグー、アチェーなど——ただしセイロンとスマトラ西岸を除く——の諸地域とバタヴィアとの間については、香料と棹銅以外の商品の私貿易を許し、その代り適当な額の税を会社に支払うことにする。これは各地域間の貿易の中心の位置にあるバタヴィアの貿易を活気づけるためである。この地域間貿易について従来会社の船は、普通には半分ぐらいしか荷を積んでいないために割高になっていたが、私貿易はそれを解決することにもなる。

中国との茶その他の貿易については、ファン＝イムホフの構想はさらに大胆である。彼は中国産の商品については会社のみに限らず、買入れ値段の四〇パーセントを払って会社の船を利用することを条件に、私貿易にも開放することを提案した。もちろんすべての商品の貿易を自由化するわけではない。重要な商品については例外もある。たとえば、胡椒貿易は従来通り会社だけの貿易として確保しなければならない、と彼は主張する。ただしすでに時代おくれになっている諸規定は改善しなければならない。日本貿易についてもやり方を再検討する。バタヴィアとモルッカ諸島との間の一般市民の航行については、従来通りこれを許し、ただ香料の密貿易だけは十分取締ることにする。
さて第三点の会社の根拠地と植民地建設に関しては、東インドの西部での貿易に一層の自由を認めながら、ベンガル地方、コロマンデル海岸の一部、スラット、ペルシア、モカなどの諸商館の数と規模とを著しく縮小し、これによって会社の経費を半分以上節約することを彼は期待している。そしてさらにいう。

マラバール、マラッカなどの商館は、現地の事情を知るための「必要悪」であり、パレンバン、ジャンビ、ティモールは辺境の要害である。バンテンとジャワ〔ジェパラの意か〕はオランダの主要植民地の門口にある。マカッサルとテルナテはオランダの香料倉への鍵だ。スマトラの西海岸は、貿易のためにも現地君主との友好のためにも、会社だけのために留保しておかなければならない。一言でいえば、これらの場所はすべて我々の貿易の優位を確保するために、保持しなければならない。

セイロン、香料諸島、テルナテ、マカッサルなどのように、会社が単独で支配している地域については、彼はこう述べている。

全く不要なもの以外は削減するには及ばず、むしろ欠けているところがあれば、補う必要がある。これらの地域を安全に保つためにはこの措置が取られねばならない。

「苦心の末手に入れたバタヴィアとジャカトラ王国〔ジャワのオランダ領土をさす〕は、東インドにおけるオランダ勢力の王冠に輝く最上の真珠だ」と彼はいい、これを昔の繁栄に戻すために次のような提案をしている。「自由に認可され、保護を受けた貿易」を興さねばならない。今まで述べたように、もし会社が東インド西部での貿易をある程度市民達に開放するならば、これは実現出来る。自由な航海と貿易が行なわれれば、バタヴィアは「繁華な商業都市となるばかりでなく、あらゆる種類の小商工業者達の安全なかくれ場所とも居住地ともなるであろう」。

市民達は今までより大事に扱ってやり、周辺の土地耕作は大いに奨励すべきである。彼はそのために多くの方策を提唱している。

バタヴィアでの生活はもっと快く、また安上りにせねばならない。ギルドを作り、市民達の権利を認める。バタヴィア周辺には多くの村を作り、大地主制を築き、土地の境界等を明確に規定する。ヨーロッパの植民者達は周辺地域や高地に移住させ、一定条件のもとに土地から耕作までの世話をし、最後には工場を建てさせる。

彼の覚え書の第四点、すなわち内政に関する部分は二つに分かれる。彼はまず最初の部分で原住民の統御と交渉について記し、次に宗教、政治、裁判、軍隊、財政などについて記している。

原住民との交際がうまくいくかどうかは、会社の収益や治安にとって重大な関係がある。ファン＝イムホフによれば、今までの原住民対策は多くの場合無関心による失政とか、注意力や親しみの不足、原住民との約束の不履行、理にかなった公正な行動の欠如などによって失敗している。熟練した、礼儀正しくまた勇気のある官吏を現地君主や首領の交渉に起用すれば、このような失敗は大部分改善される、と彼は説く。なぜなら現地君主達は会社が彼等のところに派遣した係官によって感情を害されたからである。もっとも、このファン＝イムホフの指摘は理屈としては文句なしに正しいが、のちに彼が総督として示した実際の施策は現地の事情への無理解のために、まさにこれと同じあやまちをおかしている。

宗教について、彼はバタヴィア建設後百二十年も経つのに、布教活動が一向に軌道に乗っていないことを憂え、会社職員の間での官吏の宗教に対する無関心を指摘し、水夫、職人、兵士などのために礼拝儀式が充分行なわれていないことを歎いている。政策に関しての条項に、彼は政府の委員会その他行政の各部局を含めて考えている。彼によれば全面的な改正は必要でなく、一六五〇年の法令の一部を改正し附加するだけで十分である。たとえば彼は参事会における票数の変更を希望したが、これは総督府内での意見の不統一を避けるためであった。そして、これより下の部局についてはむしろ総督府自身が行なう改革に待つべきことを進言している。

裁判に関しては彼ははなはだ批判的で、毎年相当数の弁護士をオランダからジャワに送るべきことを力説している。これらの弁護士は、少なくとも三年間、オランダの法廷で訓練を受けて来なければならない。彼等はしばらくの間バタヴィアで実習期間を過した後、裁判官や主計官としてバタヴィアまたはその他の地方で勤務する。このような多数の裁判官や法務官僚の助けがあってこそ、一七四〇年に着手された法典の完成も可能となる、とファン＝イムホフは期待している。

軍隊、要塞、砲術等の章で、彼はバタヴィアの要塞のような無防備の外壁や、兵士というよりは乞食の集まりのように見える秩序の乱れた軍隊、また大砲を見かけは立派に沢山揃えてはあるが、全く憂うべき状態の砲兵隊などについて筆をさき、専門家が戦術の大方針を立てるべきことを提案している。

財政に関しては、彼は「昔の会社の高官達のすぐれた経営や管理法」を模範とする以外に、何も新しい提案をしていない。まず第一に、彼は「一七四〇年の騒乱以来全く荒廃したバタヴィア周辺の重要な会社の領土を、過去の状態に戻すために」全力をつくすべきことを力説する。そして、会社の収入の増大をはかるために、輸出入税や取引税の取立てなどをバタヴィア市に請負わせることを提案する。しかし実際のところ、利潤の増大よりは不要な出費の節減に留意すべきだと彼は考える。そして「人々が会社の破産に驚き、どうしてこんなことになったのかと怪しむような事態よりも、会社が現在のような重荷に耐えて生きのびていることの方が、はるかに驚くべきことである」と警告している。

ファン＝イムホフの長文の意見書は大体以上の諸点に要約される。すでに東洋在住十五年に及ぶ彼の意見が、実地での経験にもとづくものであることはいうまでもない。会社首脳部の十七人会は一七四一年十一月から翌年四月頃までの長期間にわたって、この案を詳しく検討した。大部分の点は承認されたが、とくに重要な点については、保留もしくは条件附きで承認され、却下された条項はほとんどなかった。しかし、ファン＝イムホフは過去の例から見て十七人会が移り気なことをよく知っているので、彼等の気が変ることをひたすらおそれていた。会社船による酒類の東インド持込みを市民にも許可せよという件は承認されたが、オランダの工業製品を東インドに輸出する件は却下された。またバタヴィアと東インド西部の諸商館との間の私貿易の件は、会社の船を使うという条件附きで許可された。彼のバタヴィア改革案、植民の促進、司法制度の改良などの諸施策は妥当と見なされ、その実施は彼の総督就任後に一任された。残りの改革案についてもほとんど反対はなかった。

しかし、このような改革案をもってしても、会社の特権的な独占会社としての経済的地位には少しの変化もなかった。人々は目前の腐敗を改善することばかりを論じ、原因の根絶には思い及んでいなかった。

やがてファン゠イムホフは一七四三年五月二十八日、新総督として着任した。その船の名「ヘルステレル」が「復興者」を意味していることはまことに象徴的である。フレッケは著書の中でファン゠イムホフを評して、「彼は十八世紀の社会改良家の一典型で、人間社会の性格を法令で変えることが出来ると思っていた」という意味のことを述べているが、果して彼が自分の改革案の成功を信じていたかどうかは疑問である。着任当時のバタヴィアは誠に暗いものとして彼の眼に映じた。華僑の騒乱に始まる中部・東部ジャワの戦乱がまだ完全には終わっていなかったので、改革はさしあたりバタヴィアの周辺から始められることになった。彼は精力的に活動し、商船乗組員の質の向上をはかり、海軍と同じように等級を設けたり、海軍の学校を開設したり、教育制度の改革を行なったりした。すでに意見書でも彼は教育制度の必要について力説していたが、彼が実際に教育政策に乗出したのは一七四五年以後である。彼は「東インドの教会や学校のために、種々雑多な人民達を、この国の諸言語に習熟させるためのセミナリウム建設についての提案」という長々しい題の案を出し、東インド参事会の賛成を得て、バタヴィアのポルトガル教会牧師を校長に任じ、同年十一月一日に開校している。この時まで実に八十年以上もの間、学校教育に関するニュースが皆無であったことは、総督府がいかに教育に冷淡であったかをよく示している。しかも、学校はできたものの、生徒数は最初一二人で、将来三六人にふやすという程度の規模にすぎず、毎年三―四名の司祭を養成する位の目的しか持たなかった。奇妙なことに、文教予算にはきまった名目の収入をふりむける慣例になっており、「婚約を市会で行なわなかった際の罰金」の半額でまかなわれた。のちには闘鶏税や華僑の興行税なども財源に加えられた。

会社の独占貿易を緩和する施策としては、阿片貿易を、会社から免許を受けた「阿片協会」という私企業に許可したことが挙げられる。彼はまた市民にアジアの地域間貿易をかなり緩和したりした。彼は旧来の伝統を破ることを意に介せず、広報活動を重要視し、新聞の発行を提案したが、この考えは会社首脳部に危険視され、実現を見なかった。

これらの改革案の中で最も画期的なのは、彼が会社首脳に相談せずに、自分の責任でメキシコとの貿易開設の可能性を探ったことであろう。当時スペインとイギリスの戦争のため、バタヴィアは銀の不足に苦しみ、ファン＝イムホフは一七四五年と一七四七年の二度、船を直接メキシコに派遣して貿易の道を開こうとした。一度目は失敗したが、二度目は派遣した二隻とも先方に着いた。しかしこの企ては、スペインの抗議や会社首脳部の反対によって、遂に成功しなかった。

このように、彼の意図する改革案は、思わぬ障害にぶつかって挫折するものが多かったが、彼がこれに劣らぬ熱意を持って企てた事業にバタヴィア周辺の植民開発がある。ファン＝イムホフは本社に要請してヨーロッパ人の植民者を多数バタヴィアに送ってもらうことにし、一七四四年にこの計画が実行に移されると、みずからもバタヴィア周辺の高原地帯を視察して廻った。もともとヨーロッパ人の植民者に対しては、一六四一年の法令によって、彼等がヨーロッパに帰る際には不動産を売却しなければならないことが定められていたのだが、彼はこの法令を撤廃し、ヨーロッパ人への土地分配を開始し、ことにバタヴィア南部の高原地帯の開拓を希望する者には、一〇〇モルヘン（一モルヘンは五分の四ヘクタール）の土地を年間五〇レイクスダールデル（一レイクスダールデルは二・五グルデン）で貸すことにした。しかもこれは半分が畑地である場合で、もし全部が未開墾地である場合は同じ地代で一五〇モルヘンの土地を借りることが出来た。徐々にではあるがヨーロッパ人の耕作者の数はふえていった。ところで、これらの土地には、すでに耕作に従事している現地の農民があり、彼等が形成する村落があった。したがって土地を入手したヨーロッパ人は、同時に農民ないし村落の支配権を入手することになったのである。ファン＝イムホフはジャワ原住民の農業を大いに奨励し、従来しばしば行なわれたコーヒーの過剰生産分を焼き捨てるような失態の起こらないように、毎年会社に納入するコーヒーの分量をあらかじめ通告することにした。これははなはだ賢明な処置であったが、果してどの程度実行に移されたかは、かなり疑問である。

このようなファン＝イムホフの努力にもかかわらず、彼の死後わずか十数年しかたない一七六四年以後には、ヨーロッパ人開拓者のことはほとんど噂にのぼらぬようになり、結局あまり成功とはいえなかった。

バタヴィア周辺の開拓の模範を示すために、ファン＝イムホフは西部ジャワのサラク山麓の肥沃な土地を耕作させた。これは現在のボゴール市附近であるが、彼はこれに、やや月なみなバイテンゾルフ（オランダ語で「無憂郷」の意味）という名をつけた。彼はこの開墾地と山荘を現職の総督の公邸とすることを考えていたが、会社首脳部はこの案を贅沢だとして斥け、そのかわりに無料の贈り物として彼の後任者に譲った。以来歴代総督は代々これを私有財産として引継ぎ、ようやく一八一一年に至って正式に総督の公邸となった。世界に有名な植物園が庭続きに完成したのも、やはり十九世紀初頭のことである。

ファン＝イムホフの行なった旅行のうちで、最も重要なものは東ジャワ視察であった。戦乱で荒廃したこの地方の人心安定がその目的であった。一七四六年三月に、彼はバタヴィアを発して海路レンバンを訪れ、附近の森林や塩田を見た後再び船に乗り、四月中旬にスラバヤに着き、さらにマドゥラ島に渡った。再びジャワに戻って東部のパスルアンを見、ジェパラ、スマランを視察した。ここまで迎えに来たマタラム王と共に、彼は五月半ばにスラカルタまで行ったが、この時、彼がマタラムの王弟マンクーブーミに対してとった不注意な態度が、のちの第三次ジャワ継承戦争の原因となったのである。

マンクーブーミはさきの華僑暴動の際、宮廷を捨てて会社の庇護を求めていたが、一七四三年には宮廷に戻っていた。彼は翌一七四四年に反乱の残党と戦うと称して再び宮廷を去ったが、これは実は兄が一度彼に領地を与えたあと、またとり上げたので、兄と不和になったからである。この時、王の唯一人の子をマタラムの後継者にすることを心にきめていたファン＝イムホフは、前後の事情もわきまえず、王弟マンクーブーミを宮廷の満座の中で叱責し、兄と仲よくするよう命じた。これはマンクーブーミをひどく怒らせ、彼はその夜のうちに従者と共に宮廷を脱出し、叛乱を企てていた甥のマス＝サイドのもとに身を寄せることになった。のちにファン＝イムホフの死の前後から、マタラム王とマンクーブーミとの間の争いは表面化することになる。ファン＝イムホフはこの視察旅行中、他にもいろいろのことを行ない、ことに軍事、行政上の治績に見るべきものがあった。またチレボンの華僑カピタンから貨幣鋳造権をとり上げ、これ以後チレボン、スマラン、スラバヤに小銭の鋳造を請負わせた。そして六月にバタヴィアに帰ったのである。

帰還後の彼は裁判制度を改正したり、各種税制を改正したりしたので、会社の収入はかなり増加したようである。また米の買付け方法も今までと変り、土着君主は米の売買の圏外におかれ、会社が各地域に派遣した駐在官が直接買付けを行なうことになった。会社は米一コヤンにつき一〇レイクスダールデルを払って必要量だけ買い、残りはその二倍の値段で自由取引に委ねられた。しかし貪欲な会社職員達はこの間に量目の不正を行なって巨利を博し、総督のいろいろの対策にもかかわらず、腐敗はやむことがなかった。一七五〇年十一月に、ファン＝イムホフが多事だった生涯を任地のバタヴィアで終えた時、彼の改革事業の中で残ったものは僅かしかなかった。理想主義に燃えた彼の改革案も、ほかならぬ東インド会社の存続を大前提としていた点で、結局実現不可能であった。貿易独占の特許を堅持し、競争者を実力で排除してからすでに一世紀余り、名実共に東インドに君臨しているこの会社は、まさにその地位に安住することによって自壊作用をおこしつつあったのである。

久しくくすぶっていた王弟マンクーブーミの叛乱は、一七四九年に王パクブウォノ二世が死去すると、ますます重大な様相を呈した。王は病気の重くなるに従い、ジャワ北岸を統治しているオランダ人の長官を呼んで、「さきに、私の王子を後継者に定めていたけれども、私自身が彼には不満なので、マタラムの領地を会社に譲渡したい」と提案した。これを聞いた会社側はその処置に困り、一旦その領地を受けた上で、改めてこれを王子に譲り、彼をパクブウォノ三世として即位させた。新王のオランダ東インド総督に提出している誓いのことばが外交文書集に残っているが、およそ百年前に彼の祖先のアマンクラット一世が会社との間に結んだ尊大な条約とくらべると、このような錯雑したいきさつを反映して両者の地位がまさに逆転していることがよくわかる。

しかし、王族の大部分は新王に従わず、王の叔父マンクーブーミと王のいとこマス＝サイドの側についた。この戦争は今までの二回の継承戦争よりも長期にわたり、会社にとって最も苦難に満ちた戦いであったが、それというのも、戦いはもはや王位の継承のためよりは、オランダの高圧的な支配とそのロボットにすぎない新王への抵抗という、新しい性格を帯びて来たからである。したがって彼らの意気はさかんで、一七五〇年には叛乱軍の方がマタラムの大半を領していた。

同じ年ファン＝イムホフの跡をついだ総督ヤコブ＝モッセルは、その就任演説で過去三年来のジャワの戦乱に触れ、マタラムの二人の王族の叛乱、マドゥラのイスラム僧による破壊工作、バンテンの政情不安（これについてはあとで触れる）、マラバールやセイロンにおける会社の不振とイギリスの優勢、ニクズクやコーヒーの収穫の減少、ジャワ全土の作物の病害と日照りなど、およそあらゆる困難が山積している事情を明らかにしている。しかも会社の財政事情もまた楽観を許さないものがあった。総督就任前に総務長官を務めた彼は計数に明るい。一七五二年に彼が本国に送った報告によれば、過去十五年の間に会社の業績は半分に低下している。これは慢性的になった戦乱によるものであった。その上最近の戦乱激化にともない、恐らく会社は一七〇〇年から一七五二年までに得た利潤を全部失う結果になるだろう、と彼は心配している。彼の計算ではこの長い期間中、黒字の出た年は僅かに五回しかない。すなわち一七四四年、四五年、四八年、四九年、五二年だけである。その他の年は皆赤字で、その額も一〇〇万グルデンから二〇〇万グルデンに及んだという。

さてマタラムの戦況を見ると、一七五〇年にマンクーブーミの軍は一度スラカルタから追い出されたが、まもなくこれを奪回し、彼と戦った会社の軍隊は、指揮官の無能がわざわいして大敗し、一時ジョクジャカルタを放棄した。この後の戦況も全く一進一退で、一七五一年末にはオランダの指揮官の一人ド＝クレルクが敗死した。翌年になるとスマラン西方の海岸地方にまでマンクーブーミの軍が進出し、甥のマス＝サイドはスラカルタ東方のマディウンやポノロゴを脅かした。しかしこの時会社を救ったのは、一七五三年に生じたマンクーブーミとマス＝サイドの間の不和である。これは恐らく互いの間の嫉妬と猜疑心とによるものと思われる。かくてマタラムは事実上三つに分かれる危機に陥った。

現実主義者であるモッセルは、すでにこの戦いで決定的勝利を得ることは不可能であると見切りをつけ、この機会をのがさず、パクブウォノ三世の意向を無視してマンクーブーミとの間に和平交渉を開始した。両軍ともに体面を傷つけずに和を結ぶためには、結局マタラムの領土を二分する以外に方法がないことが明らかになった。一方マス＝サイドは自分をのけ者にして進行している和平交渉に気づき、分け前にあずかろうとしたがすでにおそすぎた。一七五四年九月、オランダとマンクーブーミとの間の交渉が行なわれ、マンクーブーミはマタラム歴代の王と同じくススフーナンの称号を望み、ジャワの半分の領有を主張した。会社側はこれを承知しなかったが、その代りにスルタンの称号を許し、王国の高地地方の半分を与えることを提案した。マンクーブーミもこれを受けいれ、一七五五年二月に交渉は妥結し、パクブウォノ三世はススフーナンの称号を得て、今まで通りスラカルタに都し、マンクーブーミはスルタン＝アマンクブウォノ一世の称号を得て、都をジョクジャカルタに定め、王国の南西部の半分を領することになった。かくて三世紀近い歴史を誇るマタラム王国は度重なる領土侵蝕の末、遂に二分されたのである。両国の境界をきめる作業は困難を極めたが、オランダ側全権ハルティングの奔走の結果、どちらの王も各一二人のウダナ（大領主）が宰領する土地を受け、人民の数は両王とも五万三一〇〇チャチャと定められた。チャチャというのは家族ないし世帯の意味である。

叛乱の一翼をになっていたマス＝サイドはこの結果を見て激怒し、なおも烈しい抵抗を試みたが、今度は新スルタンと会社の連合軍を敵に廻すことになったので苦戦に陥り、遂に降服を申し出た。そして一七五七年三月サラティガで和約が結ばれ、マス＝サイドは会社の主権を承認する代りにスフーナンの領土の東部をもらい、パンゲラン（王子）の称号を許されて、小さいながらも独立のマンクーヌガラ王家の創始者となった。これより半世紀以上のちの一八一三年に、ジョクジャカルタのスルタンの家系からパクアラム王家が分かれて、これまたパンゲランの称号を与えられ、スルタン領の一部を支配するようになる。スフーナン、スルタン、マンクーヌガラ、パクアラムの四王家の領地を総称して、土侯領と呼ぶ。オランダ語のフォルステンランデン（Vorstenlanden）の翻訳である。ひとしく会社の支配下にあり、オランダ人の駐在官の監督を受けているとはいえ、ジャワの他の地域に比してかなりの自治を与えられているこの地方は、ジャワ人の民族意識のよりどころとしての地位を、このの ち長く保ちつづけるのである。

第三次ジャワ継承戦争のほぼ全期間を通じて、会社は東と西との二正面作戦に苦労しつづけた。西の戦いとは、バタヴィアに隣接するバンテン王国である。そして、ここでも前の総督ファン＝イムホフの認識不足が戦乱の原因となったのだから、皮肉という他はない。

十七世紀の末以来平穏であったバンテン王国は、一七三三年以来、虚弱で無定見のザイヌル＝アリフィンによって治められていたが、その夫人の一人でアラブ系のラトゥー＝サリファ（一説にはラトゥー＝ファティマ）が権勢をほしいままにし、王の正統のあとつぎであるパンゲラン＝グスティを斥けて、王の甥（同時に夫人自身の女婿にも当る）を継承者に定めようとし、バタヴィア総督府の承認を求めた。総督ファン＝イムホフは軽率にもこれを承認した。やがて一七四八年に王は狂気の徴候を見せ、肉親を処刑したりするようになったが、この乱心は毒を盛られた結果だという噂が流れた。オランダ人の駐在官はラトゥー＝サリファと相談して王を軟禁し、やがてアンボンに追放した。ついで総督府の出した声明により、ラトゥー＝サリファの望み通り、女婿のラトゥー＝サリフが即位し、その代りにバンテン王国は会社の保護領となった。

しかし新王はサリファの意のままに操られる存在に過ぎなかったので、半年もたたないうちに、人々はさきに斥けられた正統の王位継承者パンゲラン＝グスティに同情し、イスラム僧キアイ＝タパや先王の甥に当るラトゥー＝バグス＝ブアン等は、ラトゥー＝サリファに叛いた。そして鎮圧に赴いた会社の軍隊は敗北し、叛乱はバンテンの西部にひろがった。しかも叛徒はスマトラ西岸のベンクールーに根拠地を持つイギリス人と提携する気配を見せ、容易ならぬ事態となった。

ちょうどこの頃ファン＝イムホフが死去すると、後任の総督モッセルはこの点でも政策を全面的に改め、ラトゥー＝サリファとその女婿を捕えてバタヴィアに送り、さらにバタヴィアの北方約二〇キロの海上にある小島エダムに流刑に処した。しかしこれでもなお叛乱は収まらず、当局はしばらく解決に苦慮した。一七五一年一月にバンテン王国では首脳者会議を開き、先王ザイヌル＝アリフィンの弟アリア＝アディ＝サンティカをスルタン代理に推戴し、さきにファン＝イムホフが不当にも追放した王子パンゲラン＝グスティがセイロンから帰還するのを待つことになった。一方イスラム僧のキアイ＝タパと王子ラトゥー＝バグスはなおオランダへの抵抗をやめず、バタヴィア前面の群島を襲ったりして、しばしば政府を脅かしたが、遂に同年九月に彼等は大敗し、まもなく叛乱は終わった。翌年二―四月の協定で会社はバンテンの宗主国となり、スルタン代理の度重なる懇望を聞き入れて、ようやくパンゲラン＝グスティをセイロンから呼び戻し、一七五三年九月に正式にスルタンに即位させた。彼は不在中にスルタン代理が会社と結んだ条約をすべて承認したので、これ以後バンテン王国は、あらゆる点で会社の統制のもとに置かれることになった。

こうしてマタラム王国とほぼ前後して、西部ジャワのバンテン王国も会社のもとに制圧され、その保護領となり、ジャワの中で治安に問題のある地域は、僅かに東端のバランバンガン地方を残すのみとなった。ここにはまだスラパティの反乱の際の残党がいて、バリ人からの援助を受けて会社への抵抗を続けていたが、会社はマドゥラ、スラバヤ、スメネップなど近接の土着領主の援助を頼み、またバタヴィアの土侯領に駐在するオランダ軍の精鋭をふり向けて、一七七一年十月に攻撃を開始し、一年にわたる激戦の末、遂にこれを鎮圧した。もともとこの地方の反乱は、この地方に多数住んでいるバリ人が、オランダ人の任命を受けたジャワ人領主の政策を不満として起ったもので、反オランダ的であると同時に反ジャワ的でもあるところが、他の戦乱といささか違っている。オランダの指揮官がジャワ人領主達に対し原住民を虐待せぬよう警告し、もし虐待行為があれば、ただちに免職するといっているのも、この事情を反映したものである。

ジャワ人の討伐にアンボン人、マドゥラ人、ブギ人等を使い、バリ人の統治にジャワ人を使うなど、オランダ東インド会社の「分割統治」の仕方はこの頃に始まったわけではないが、ファン＝イムホフ時代以後のオランダ東インド会社の政策には、それ以前とかなりちがった特色が見られる。すなわち、異なる種族の間の敵意を利用するという段階からさらに一歩進んで、同一国家、同一種族内での敵対関係をも利用するようになる。マンクーブーミとマス＝サイドの疎隔を利用したのも、またバンテン王国の世論を見きわめて、簒奪者《さんだつ》とその義母ラトゥー＝サリファを追放したのもその一例であり、今や軍事力で高圧的に解決をはかるよりも、原住民社会の力関係を見きわめて外交的な工作を行なう方が、能率的かつ効果的になったのである。

このような変化の背景として、オランダ東インド会社のジャワ社会についての知識が深まったことがまず第一に挙げられようが、第二には、もはやオランダの武力が圧倒的な優越を誇り得なくなったことが数えられよう。海上兵力は別として、陸上で用いる火器の類は割合に入手し易いものであり、マタラム軍が大砲を使用した事実なども、しばしば史料に現われる。しかも第三に、オランダへの抵抗運動の舞台は、次第に都市から内陸の農村や森林に移り、単なる武器の優劣だけでは勝敗のきまらない様相を示して来たことが指摘できる。また第四に、オランダのジャワ征服の結果が次第に浸透するにつれて、その圧政に対する直接的な不満が加速度的に積み重なって来たことが挙げられる。たとえ、叛乱の指導者の大部分は以前と同じく王族や王位継承権を主張する者であったとしても（もっともバリからの逃亡奴隷であったスラパティは例外中の例外であるが)、彼等の叛乱がジャワ社会に投じた波紋の大きさ、反応の深さは、それ以前の抵抗運動の場合とはっきり区別して考えられねばならない。同じ傾向は十九世紀前半のディポヌゴロの叛乱や、パドリ戦争、十九世紀後半のジャワ各地における農民暴動やアチェー戦争などに、ますます強くうけつがれ、はっきりと現われて来るのである。

八　落　日

我々は今までしばらくの間、ヨーロッパを遠く離れて、東南アジア各地におけるオランダ勢力の消長だけを追って来たが、ここで再び目を転じて、オランダ本国を見なければならない。

「黄金の世紀」と呼ばれる十七世紀に対して、十八世紀はしばしば「かつらの時代」と呼ばれるそうである。ルイ十四世の肖像などに見られるような、ゆたかな頭髪を自慢とした時代に、髪形は身分を表わし、不幸にして髪のうすい者は争ってかつらをかぶった。当時のヨーロッパ大陸においてブルボン王朝の宮廷文化はいち早く他の国々の宮廷に伝わり、かつらの使用は一世を風靡した。アメリカ独立戦争やフランス革命によってアンシアン゠レジームが倒れた時、身分制の廃止と共に、かつらの使用もまた止んだのである。内に充実したもののない空疎な飾りという意味で、「かつらの時代」とはまことに心にくい名文句といえよう。「黄金の世紀」といわれる十七世紀について、有名なヨハン゠ホイジンガは、この月並な名の代りに「木材と鋼鉄、ピッチとタール、ペンキとインク、勇気と篤信、精神と想像力」にちなんだ名にすべきだといい、「黄金が貨幣の形で金庫につまっていた十八世紀」こそむしろ黄金の世紀と呼ばれるにふさわしい、と述べている。「黄金」という比喩を逆手に取ったホイジンガは、むろん十八世紀のオランダの軽佻浮薄を皮肉っているのであり、その意味では黄金もかつらも、ある共通のものを象徴しているといってよい。

十七世紀の充実と十八世紀の沈滞、……この図式に不満をとなえる、たとえばファン＝ルールのような学者も、ないわけではない。たしかにインドネシアに注目するかぎり、一七〇〇年を植民政策の曲り角とするいわれはないからである。しかし、考えてみればオランダ東インド会社は、ほとんど未知にひとしかった東インドをかなたに夢みながら、オランダに生れたのであった。今この会社が死んでいくのも、東インドではなく、ほかならぬオランダにおいてである。そこで、十八世紀のこの国を、もう一度簡単にふりかえっておきたい。

バタヴィア城に総督マーツァイケルが君臨したとちょうど同じ頃が、オランダ文化の最盛期だったといってよい。八十年にわたる独立戦争は一六四八年に終止符を打ち、画家のレンブラント、フェルメール、フランス＝ハルス、劇作家で詩人のフォンデル、詩人のコンスタンティン＝ハイヘンス、ヤコブ＝カッツなど、オランダが最も誇りとする芸術家がほとんどいちどきに現われ、この小国が全ヨーロッパ文明の中で不朽となるのはまさにこの時期である。ところが不思議なのはこれに続く時期であり、ホイジンガもいうように、「第一級の新人が現われることを妨げるものは何もなかった。にもかかわらず新人は現われなかった」のである。文化の沈滞は政治・経済上の衰退と同じ道を、多少の時期的ずれはあるにせよ、ほぼ正確にたどっていた。クロンウェル治下のイギリスが、海外亡命中の王党の策源地としてのオランダに反感を抱き、一六五一年に航海条令を発布したことは西洋史上の重要な事件であり、これが究極においてオランダの海運に大打撃を与えたことはすでに述べた。が、その効果が本当に現われるのは十八世紀に入ってからである。このような政治・経済上の利害の衝突から必然的に起った二度の蘭英戦争や、一六七二年のフランス軍の侵入などにより、オランダは目に見えて国力を消耗し、イギリス、フランスの二大強国にもてあそばれ、しかも名君ウィルレム三世の死（一七〇二年）以後、王党と共和党との激突により、国内もまた安定を欠くこの小国の零落ぶりは、もはや誰の目にも明らかであった。

イギリスの歴史家C・R・ボクサーはその著『オランダ海上帝国』の中で、オランダ社会のほとんどあらゆる局面にわたって、十七世紀と十八世紀の対比を試みている。一六四九年一月十八日にオランダ東インド総督と参事会は本国に宛てて、「我々の前便で記したバタヴィアの繁栄は、単に続いているばかりでなく、なお日に日によくなっている」と書き、同じ年の十二月末日にも同じ趣旨のことを書いているのにくらべて、およそ百年後の一七五〇年十一月の総督及び参事会の決議録では、「すでに三年に及ぶジャワの叛乱により、この大きな島はいたるところ燃えさかっているのみならず、隣りの島マドゥラにも波及する運命にある」と書いており、しかも最後の方には「こうあらゆる悪条件が重なっては、最良、最強の人々といえどもショックを受け、ご存じのようにこの酷熱の気候のもとに三十年過して来た身の衰えも手伝って、意志薄弱となり、これ程の重荷を引受けることについて、当然考えさせられるだろう」と書いている。かつて日毎によくなっていたものが、今では刻一刻と悪くなっていくのである。この傾向はオランダ本国にもはっきりと現われている。

まず人口の減少が挙げられる。オランダ全土に及ぶ人口統計はないが、ボクサーは関係史料を丹念に漁った結果、西ヨーロッパ一般の人口の急激な増加にもかかわらず、東部のオーフェルエイセル州を除く全オランダの人口は足踏み状態か、あるいは減少したらしい事実がわかる。

人口の統計が幾分不確かなのにくらべて、はるかによくわかるのは漁船の減少である。この傾向はとくに十八世紀後半に著しく、にしん、たら、鯨など、どの種類を取ってみても、この傾向が現われている。もちろん周囲の大国との度重なる海戦は漁業を著しく妨げただろうが、戦争の間には平和な年も当然あったはずである。衰退の理由はイギリス、スコットランド、デンマーク、ノルウェーなど他のヨーロッパ諸国との競争激化である。漁業の不振はこれと密接に結びついていたバルト海の木材貿易や、ポルトガル、フランスなどとの塩の取引などにもたちまち影響を及ぼし、漁業やその加工業にたずさわっていた多数の人々の生活を脅かした。このような傾向の原因および結果として、熟練した遠洋漁業に従事する者の急減が挙げられる。競争相手の漁業の経験に富むオランダ人漁夫を高給で引き抜いている事実もある。しかも、元来オランダにとって漁業は食糧の確保のみならず、遠洋航海のための人材養成の場でもあったから、漁夫の国外流出はとりかえしのつかない損失を意味した。

漁業での立ちおくれと同じ現象は、造船技術の上にもはっきりと現われている。一六九七年にははるばるロシアからピョートル大帝みずから習いに来たオランダの造船術も、新しい技術を開発しなかったために、十八世紀、ことにその後半に入ると、イギリスなどの造船所と太刀打ちできないようになった。地図作成術などについても同様である。概して十七世紀にはオランダ人の方がイギリス人よりも航海・貿易に自信を持ち、進取の気象にも富んでいたのが、十八世紀の後半になると、両者の立場は完全に逆転する。

陸上の産業を見ても、二つの時代のコントラストは際立っている。はじめヨーロッパ随一であった畜産も、まず酪農製品の生産と輸出が次第に振わなくなり、また十八世紀中葉に何度か流行した家畜の疫病で大打撃を受けた。このため多くの農民は畜産から農耕に転じたが、農産物の地方税が負担となって、農民の利益は概してそれ程大きくなかった。この分野でも品種改良や農業技術の進歩はイギリスやフランスに引きはなされたが、漁業の場合よりはまだましであったらしい。

衰退の烈しかった産業の一つとして、毛織物業があげられる。この業種の衰退は一七三〇年頃から始まり、大塚久雄氏の研究にもあるように、もとは独立した工程の織布を行なっていたオランダの織物業者は、次第にイギリス毛織物の仕上げ工程だけを引受けて売りさばくという、国際的仲立ち商業に転化し、すでに十七世紀中葉から「アムステルダムおよびロッテルダムの繁栄のためにライデンの毛織物工業が犠牲に供せられている」ことが、オランダの企業家で経済学者のピーテル＝ド＝ラ＝クールによって指摘されているが、毛織物工業を喰いつぶした国際商業自体もやがて自滅の道をたどるのであり、長い間ヨーロッパの商業・金融の中心をなしたアムステルダムはロンドンに首位を奪われる。その結果労働人口の需要は急激に減退し、しかもヨーロッパのように各国間の人の動きの大きい所では、このことは彼等の国外流出を意味した。労働人口の不足や労働賃金の値上りのために、工場をホラント州から内陸の諸州に移す例も見られ、それらは皆工業の不振となって現われた。

商業優先というオランダ的指向は、大塚氏の指摘するように、少数のオランダ商業ブルジョアジーの持つ圧倒的優位にも由来するが、またオランダ人一般の価値観でもあった。商人は工場経営者より重んじられるのが常で、工業で金をもうけた者が商人に転化する例が多く見られ、政治・経済的エリートの間では腐敗や親戚びいき（ネポティズム）が日常茶飯事となった。オランダ国内での貧富の差はますますはなはだしくなっただけでなく、都市の中産階級内での上下の差も開く一方であったと伝えられる。勤勉と倹約を旨とするカルヴィニズムの退潮に乗じて、享楽的な風潮がオランダを圧した。「かつらの時代」は今やたけなわだったのである。

こういう背景のもとで、オランダの海上貿易がどのような運命をたどったかは、もはや詳しく述べる必要があるまい。航海することと船を所有することとは別のことと考えられ、僅かな手数料めあてに、外国の船をオランダの船の名義を貸して航行させるなどの事態も生じた。また逆にオランダ船が競争相手の国の商品を運んだりした例

年度	隻数
1611/12—1620/1	117
1621/2—1630/1	148
1631/2—1640/1	151
1641/2—1650/1	162
1651/2—1660/1	226
1661/2—1670/1	257
1671/2—1680/1	219
1681/2—1690/1	209
1691/2—1700/1	241
1701/2—1710/11	271
1711/12—1720/1	327
1721/2—1730/1	379
1731/2—1740/1	365
1741/2—1750/1	315
1751/2—1760/1	276
1761/2—1770/1	303
1771/2—1780/1	294

もある。オランダの商業資本家達が自国の産業や海運に投資しないで、イギリスやフランスに投資する例が十八世紀後半には頻繁に見られる。

ブリュフマンスはオランダ東インド会社の東インド向けの船隻数について右のような統計を作っている。

この数字を見た限りでは、東インド向けの船隻数は、減るどころかむしろふえていることが分かるが、この間にアジアの地域間貿易にたずさわる船の数は大幅に減っている。また東インド、西インドの両会社がオランダの貿易に占めた比重も、たとえば一七八五年の十七人会のメンバーの一人、ファン＝デル＝アウデルミューレンは、第四次蘭英戦争直前のオランダ海上貿易の内訳を次のように記している。これを見ると、東インド貿易がオランダ貿易全体の中で占める比重が予想外に小さいものであることが分かる（ちなみに、ヨーロッパ諸国との貿易の中でもバルト海諸国との貿易が最も多くイギリスとの取引がこれに次ぎ、フランスとの取引が三番目となっている）。

もっとも東西両インドからの商品はオランダ本国で消費されるよりも、他のヨーロッパ諸国に転売されるものの方がはるかに多いことは周知の事実であるが、アムステルダム市場の衰退と共に、これらの商品が直接他の市場に流れることを勘定に入れれば、オランダの手に入る中間利潤は、いずれにせよ、大幅に減少していたのである。東インドにおけるオランダ勢力も、このような沈滞の様相を示している。一七七二年頃ジャワの騒乱がようやく終結したあと、この島の政治情勢は長期にわたってかなりの安定を示し、コーヒーや砂糖きびの栽培は年々順調に増加した。道路の改修も行なわれて交通も便利になった。しかし、それにもかかわらず会社の財政状態は年々悪化した。ファン＝イムホフに代った総督モッセルは会社職員の汚職を防ぐために給料の増額を望んだが、実現出来ぬ有様であった。そのためモッセルはファン＝イムホフが改革についやした予算を削り、教育などをなおざりにせざるをえなかった。

ジャワ以外の各地の情勢はますます悪く、まずインドにおいては、ヨーロッパの七年戦争の余波を受けてイギリスとフランスの烈しい勢力争いが行なわれた結果、イギリスの優位は決定的となり、ことにベンガル地方におけるイギリスの地歩の確立は、インド沿岸におけるオ

（単位：百万グルデン）

東インドとの貿易	35
西インドとの貿易	28
ヨーロッパ諸国との貿易	200

ランダ東インド会社をほぼ完全に沈黙させた。わずかにセイロンではカンディー王朝との間に度々戦いを交え、イギリスの介入の危険をはらみながら、オランダはどうやら海岸地方を維持し続ける。

しかし、今まで述べた地域はいずれもオランダ東インド会社の勢力範囲の外であった。問題はむしろスマトラ、カリマンタン、モルッカなどの貿易が一向に振わなかったことにある。このような事情にもかかわらず、東インド会社の運営のための改善策は何もとられなかった。しかも一七八〇年の英仏米の戦争にまき込まれたオランダは、イギリスとの間に第四次蘭英戦争を開き、戦雲はアジア方面にもたちまち波及し、イギリスはネガパトナムなどのインド海岸根拠地からオランダの勢力を駆逐した。スマトラの西海岸におけるイギリスの勢力が増大したのもこの時である。セイロンとケープ植民地を奪取しようとしたイギリスの意図は失敗に終わったが、ヨーロッパとアジアの間を往復するオランダ東インド会社の船はイギリス艦隊に捕えられ、オランダ本国の港も封鎖されたので、植民地との連絡は絶えた。バタヴィアの港には本国に送れない農産物が山積している一方、東インド総督府は本国からの送金不着に苦しんだ。しかも会社の契約によって、これらの農産物を現地で売りさばくことは厳禁されていたので、総督府は遂に紙幣を発行せざるを得なくなった。この戦乱の終わる頃から、オランダ本国でも会社の経営を救おうとする努力が何回か試みられたが、何ら効果は上らず、一七八九年末に七四〇〇万グルデンであった会社の損失は、一七九一年には九六〇〇万グルデンに達した。借入金のめどが立たないので、この損失はオランダ連邦議会が埋めていたのである。

本国においておくればせながら改革案が出されているこの頃、東インドにおいては、改革などはなまぬるいとばかり、東インド会社の存在を真向から否定する意見を吐く者が現われた。二百年の会社の歴史の中で、クーンを改革案の草分けとすれば、この男が最後の論客であろう。

彼の名はディルク＝ファン＝ホーヘンドルプといい、一七六一年にロッテルダムの都市貴族の家に生れ、オラニエ王家ともつながりがあった。彼はプロシアの陸軍幼年学校に学び、フランスよりややおくれてドイツにみなぎりつつあった啓蒙思想の洗礼を受けた。一七八四年に東インドに着任してからは、ベンガルのパトナ、オンルスト島、ジェパラ、スラバヤの各地に勤務している。ケープ植民地でオランダ人入植者の反抗運動を見、またベンガルでのイギリスの植民政策を見た彼は、会社の在り方にあきたらず、一七九二年十月ジェパラにおいて会社を糾弾する書簡を書いた。これが彼の会社への攻撃の最初であった。ファン＝ホーヘンドルプの植民政策について数年来研究を進めている田淵保雄氏の紹介をたよりに、彼の考えを要約してみよう。

彼はいう。オランダ東インド会社はかつての繁栄にもかかわらず、その内包する自己矛盾のために必然的に没落する。会社が強行する専売制度はそれ自身不合理であるばかりか、国家にも悪い作用を及ぼし、ユダヤ人や外国人を含む貪欲な株主に利益を与えているだけである。国家が商業団体にこのような特権を与えた例は今までなく、今こそ国家が直接植民地統治を行ない、その莫大な利益を得ると共に、領土保全の義務を負うべきである。胡椒、香料、コーヒー、阿片などの重要な農産物は国家の独占貿易に委ね、その他の生産物に関してはオランダ船を使用する限り、東インド内の貿易を全住民に開放する。会社の特許状が期限切れとなる一七九九年には特許状を更新せず、これを解体しなければならない。その場合に株主をどうするかについて、最近五年間の配当額に応じて国家が株主に支払う方法と、会社の資産を凍結した上で、会社の責任において株主に支払わせる方法とがある。いずれの方法にせよ、国家は会社に代って東インドの所有者となり、各地の君主との間に改めて条約を締結する。本国においては国会議員によって構成される十七人をこえない委員会を構成し、世襲の国家元首（即ちオラニエ公）をその議長とし、うち三名をバタヴィアに赴任させる。会社の文官・武官は、国家に対する忠誠を誓った者のみ地位に留め、改革を行なった後、長官と東インド参事会を設立する。軍隊は国家元首の直属とし、充分に訓練された士官と兵士を東インドに送る。また会社から接収した船舶を国の軍艦で保護しつつ、軍隊と弾薬を東インドに送る。戦時に常に軍隊が手もとにあるようにする。このようにして、もし東インドの領土や商業の状態が悪化した場合には、国家が損失を負担するから負担は軽くなり、また有利な場合には、国家が利益を享受すると同時に、個人も能力に応じてその分け前にあずかる。

この要約からも明らかなようにファン＝ホーヘンドルプの見解は、今までの会社改革案とは違って、会社解散を大前提とするものであり、クーンやファン＝イムホフ改革案を参考にするよりは、むしろベンガルなどにおけるイギリスの統治政策を参考にしたものらしい。ベンガルにおいてファン＝ホーヘンドルプが見た最も印象的な光景は、イギリスの私企業の商船が本国の綿織業者に供給する原棉を積んで、ヨーロッパに向う姿であったと伝えられる。すでに他国に先んじて産業革命を経験しつつあったイギリスにとって、植民地の果す役割はオランダと全く違ったものになりつつあったのである。アダム＝スミスの『国富論』のオランダ語訳が初めて出版されたのは一七七二年であるが、オランダ語訳によらずとも、彼がアダム＝スミスの著書の影響を受けていることは疑う余地がない。「ジャワの農民を『商品を生産する農民』にすれば、彼等は自己愛の動機から一層生産に励むだろう」とする主張など、スミスの声をそのまま聞く思いがする。ただし、自由貿易の主張に関しては、彼は一方で会社を国家の中に吸収するといいながら、なお胡椒、香料、コーヒー、阿片などの重要な商品は国家が独占すべきことを説いているのであるから、幾分不徹底といわざるを得ない。自由貿易論がもっと大胆に前面に押し出されるのは、のちに述べる現状報告においてである。ただし、その範囲はファン＝イムホフの考えたものより大きく、またその制限も格段に緩和されている。

事なかれ主義が支配的であった東インドで、このような改革案を出したファン＝ホーヘンドルプが、総督府の高官から白眼視されたのは当然である。折しもオランダ本国では、ウィルレム五世が東インド経営改善のための高等委員会を組織任命した。ネーデルブルフを長とする委員達は一七九一年にオランダを出帆し、ケープ植民地に一年駐在して改革を行ない、一七九三年にバタヴィアに着いたが、委員達は総督府の大勢と意見を同じくし、ファン＝ホーヘンドルプの改革案はかえりみられなかった。しかし、彼はそれに屈せず、二年後にも同じような趣旨の意見書を提出している。この中でとくに彼は日本貿易に触れ、以前には長崎貿易はオランダにとって非常に利益があったが、最近ではほとんど収支がつぐなえない程利益が減少していることを指摘し、貿易を許すことを恩恵と考えている江戸幕府の尊大な態度を非難している。しかし、積極的に日本貿易を停止せよとはいっていない。

ファン＝イムホフが当時のヨーロッパの啓蒙思潮の一つの典型であったと同様に、ファン＝ホーヘンドルプはその自由主義的傾向を、さらに明確にし、尖鋭にしたものということが出来よう。時はまさに産業革命のさなかであり、フランス革命の前夜であった。ヨーロッパと同じように東インドにおいても革命は不可避である、と彼が考えたとしても、不思議ではない。「各民族は史的発展のコースを低い段階から高い段階へ進む」という意味のことを述べ、また「ジャワの状態は十四、五世紀頃のイギリス・フランスの状態と同じである」と説く時、彼はまぎれもなく進歩史観に立脚していたのである。今までの伝統的君主の圧政にあえいでいたジャワ農民を、彼はアンシアン＝レジームのもとでのヨーロッパ農民と二重写しにして眺めているのであり、「ジャワ人もオランダの臣民となるのだ」という主張の中には、不正、無能かつ怠惰なジャワの伝統的君主の力を出来る限り排除して、近代的な支配、被支配の関係をうちたてようとする意欲が示されている。彼が時代に先んじていたことは充分認められるが、彼が果してジャワなり、東インドの実状に即して物を考えていたかどうかについては、かなり疑問がある。事実、のちに彼の主張を一層敷衍《ふえん》した形で発表した「バタヴィア領土の現状報告」に対して最も多かった反対の一つは、伝統的君主の権力を排除するという構想に関してであった。

さて一七八九年にフランスに起った大革命の余波を受けて、一七九四年にはピシュグリュの率いるフランス革命軍がオランダに侵入し、全市を無血占領し、約六週間でオランダ全土を制圧した。一七九五年一月二十一日にはフランス軍の三人の代表が、「バターフ民族」に布告を発し「フランス国民は諸君に独立を与えるだろう」と約束した。

フランス軍が近づく頃から、オランダではアムステルダムとライデンでほとんど同時に革命が起っており、フランス軍の入城と共にアムステルダムの政府は瓦解し、ウィルレム五世とその家族はイギリスに亡命した。フランス革命の政治原理に従って建設されたバタヴィア共和国は、事実上フランスの属国と化したのである。ウィルレム五世は一七九五年二月七日に亡命先のロンドン西部郊外のキューから、いわゆる「キュー書簡」を公表して、オランダ領の東西両インドの統治者や軍司令官に、戦争終結後の植民地返還までの間、イギリスに主権を委ねるよう、命令した。このために植民地のオランダ当局はウィルレム五世に従うべきか、連邦議会に従うべきかを決めかねて混乱したが、ネーデルブルフその他のバタヴィアの指導者は、当時のオランダ都市貴族の常として、ひそかにオラニエ王家への反感を抱いていたので、ウィルレム五世の——したがってイギリスの——指示には服従しないことにきめ、そのかわりフランス革命の影響による自由主義的風潮が植民地内部の官僚組織に及ばないように、つとめて中間の道をとった。それゆえ一七九八年にファン゠ホーヘンドルプがある集会で行なった会社批判の演説の内容が、高等委員会議長ネーデルブルフの手に入った時、策略家のネーデルブルフは直ちにこれを利用してファン゠ホーヘンドルプを告発し、スラバヤからバタヴィアに護送して監禁した。しかし彼は脱走に成功して、ベンクーレンからボンベイを経てデンマーク船でイギリスへ逃れた。船中で彼はそれまでの主張を更に前進させ、まとめ上げた形での報告を書くことに余念がなかった。のちに「バタヴィア領土の現状報告」の名で知られる尨大な報告書がこれである。

故国オランダへ帰るより前に、彼の耳にとどいたのは、オランダ東インド会社消滅の知らせであった。彼は年来の希望が達せられて、大喜びしたと伝えられる。

オランダ本国における革命は会社の存在にも大きく影響を及ぼし、会社重役団は解散させられ、「東インド貿易・領土事務委員会」が新たに発足していた。この委員の数は二八人で、以前のように株主であることを必要条件としないところに特色があり、主としてホラントとゼーラントの両州から選出された。会社の定款は暫定的に一七九九年末までの間延長されていたが、やがてバタヴィア共和国憲法が一七九八年に成立した際に、正式に終止符が打たれることになった。この憲法は一七九五年のフランス国民公会の憲法に則ったもので、その趣旨に従って、東インド会社は期限満了の後解散し、株主には僅かばかりの補償を行ない、国家が会社の債権と債務を引継ぐことになっていた。二世紀にわたるオランダ東インド会社は、ここに波瀾多い歴史の幕を閉じたのである。

むすび

東インド会社が消滅したからといって、インドネシアのオランダによる植民地化が終わったわけではない。いやそれどころか、むしろこれ以後、オランダの支配は会社時代よりはるかに深く、インドネシア社会の中に喰い入っていくのである。

我々はすでに商業活動から政治的支配へと転化しつつあるオランダ東インド会社の性格を見て来たが、植民政策が特許会社から国家の手に受けつがれてからは、この傾向はますます烈しくなり、ことにジャワにおいては、ある時は商業用農作物確保の現実的必要から、またある時は土着社会の近代化を目ざす理想主義的欲求から、村落共同体のレベルにまで、支配の手が及ぶようになる。そのような支配の浸透の過程は決してスムーズなものでなく、土着君主や支配層の抵抗や民衆のサボタージュによって、時々停滞したり、流れを変えたりしたが、大勢には変りなかった。しかし、もちろん植民政策の基調にはいくつかの変化が見られる。ナポレオン戦争時代にルイ＝ボナパルトの治下にあったオランダの東インド総督を務めたヘルマン＝ウィルレム＝ダーンデルスは、ジャワの中央集権化に努力した。またイギリス軍が一八一一年から一六年までジャワを占領した時、副総督となったトマス＝スタンフォード＝ラッフルズも、やはり中央集権化を推進すると共に、土地制度や税制の改革を試み、学芸を奨励したことで知られている。二人ともジャワの伝統的な主従関係を前近代的なものとして攻撃し、土着君主の権力を出来る限り排除し、中央の権力が直接個々の住民に及ぶような方向を目ざしたのである。もとよりその努力は成功したとはいいがたいが、この意味では二人ともフランス革命の子であり、自由・平等・博愛の理念に支えられた理想主義者だったということが出来よう。

これに対して、ジャワのオランダ返還後の総督ファン＝デン＝ボスが一八三〇年から実施した強制栽培制度は、発案者の人道主義的配慮にもかかわらず、ジャワ農民の犠牲においてオランダに莫大な利益をもたらした。この制度のプラスの側面について最近かなりの研究が現われているが、それとて全体の事実を変えるほどのものではない。ダーンデルスやラッフルズとは反対に、ファン＝デン＝ボスは土着君主を介してジャワ農民を支配する、最も効率の大きい植民政策を考えているのである。彼の強制栽培制度が西部ジャワのプリアンガン地方に十八世紀以来行なわれていた義務供出制度に多くを負うていることを指摘するまでもなく、この間接統治の在り方や利潤への大きな関心は、オランダ東インド会社の流れをくむものである。六年間に及ぶイギリスのジャワ中間統治の間、オランダは「何ひとつ学ばず、何ひとつ忘れなかった」という警句が残っているが、これはオランダ人の保守性と共に、オランダ東インド会社の伝統の根深さを物語るものであろう。

なまじ二百年の経験とその土地についての知識――それとて多くの場合は表面的なものであったが――を持っていたために、オランダの植民政策は地を這うような現実主義から抜け出ることがほとんどなかった。改革案が常に立ち消えとなったのも、その間の事情を反映している。会社は長期にわたる展望を欲せず、むしろそれを避けていた気味すらある。そして、この傾向はオランダ本国の退嬰《たいえい》的な風潮の縮図であったといえないだろうか。

独立のための八十年戦争の間は、オランダ共和国ははっきりした目的を持っていた。しかし一六四八年の平和条約締結後は国民的目標を失い、王党と都市貴族の対立が激化する一方、東西両インドの財貨はたえまなく流れ込み、やがてその流れが細くなるころには、国運も傾いていた。軍事的に弱小なオランダは、常にヨーロッパ大国間の――とくにイギリスとフランスとの間の――勢力争いに巻き込まれる危険をはらんでいた。保身のための外交には理念や原則は必要でない。連邦議会を支配していたオランダの商業ブルジョアジーは、利潤追求の技術屋であった。そしてオランダ東インド会社を支配していたのは、ほかならぬ彼等だったのである。

参考文献

一　東南アジア史の一般的背景

阿部利夫『東南アジア』（「世界の歴史」第一八巻）河出書房、一九六九年
ハリソン著／竹村正子訳『東南アジア史』（「みすず叢書」一九）みすず書房、一九六七年
板垣与一他編『東南アジア』（「地域研究講座　現代の世界」五）ダイヤモンド社、一九七〇年

二　ヨーロッパの中でのオランダ及びオランダ東インド会社

今来陸郎編『中欧史』（「世界各国史」七）山川出版社、一九六九年
大塚久雄『株式会社発生史論』（「大塚久雄著作集」一）岩波書店、一九六九年
同　『近代欧洲経済史序説』（「大塚久雄著作集」二）岩波書店、一九六九年
ヨハン＝ホイジンガ著／栗原福也訳『レンブラントの世紀―ネーデルラント文化の概略―』（「歴史学叢書」）岩波書店、一九六九年

三　日欧交渉史関係

和辻哲郎『鎖国―日本の悲劇―』（「筑摩叢書」）筑摩書房、一九六四年
岡田章雄『キリシタン・バテレン』至文堂、一九五五年
松田毅一『南蛮史料の発見』（「中公新書」）中央公論社、一九六四年
板沢武雄『日本とオランダ』至文堂、一九五五年
山脇悌次郎『長崎の唐人貿易』吉川弘文館、一九六一年

岩生成一『朱印船貿易史の研究』弘文堂、一九五八年
同　『朱印船と日本町』至文堂、一九六二年
同　『南洋日本町の研究』岩波書店、一九六六年
同　『鎖国』(「日本の歴史」一四) 中央公論社、一九六六年

四　史　料

トメ＝ピレス『東方諸国記』(「大航海時代叢書」五) 岩波書店、一九六六年
リンスホーテン『東方案内記』(「大航海時代叢書」八) 岩波書店、一九六八年
セーリス『日本渡航記』(「新異国叢書」六) 雄松堂書店、一九七〇年
村上直次郎訳註／中村孝志校註『バタヴィア城日誌』(全三巻、「東洋文庫」一七〇、二〇五、二七一)、平凡社、一九七〇―一九七五年
永積洋子訳『平戸オランダ商館の日記』(全四巻) 岩波書店、一九六九―一九七〇年
同　『平戸オランダ商館日記――近世外交の確立』講談社学術文庫、講談社、二〇〇〇年
村上直次郎『長崎オランダ商館の日記』(全三巻) 岩波書店、一九五六―一九五八年

解説

弘末雅士

オランダ東インド会社は、東インドと呼ばれた現在のインドネシアをはじめ、日本やインド、ペルシア、シャム（タイ）などに商館を設けて交易活動に携わった。十七、十八世紀のインドネシアそしてオランダの歴史は、このオランダ東インド会社の存在を抜きにしては語れない。本書は、東インド会社で活躍したオランダ人の活動に焦点を当てながら、当時のインドネシア、オランダ、さらには日本の動向を明らかにしている。

本書が最初に刊行されたのは、一九七一年のことであった。当時のインドネシアをはじめとする東南アジアの歴史研究は、第二次世界大戦後にアメリカで発展をとげた地域研究の方法論が主流を占めた。地域の特質を総合的に解明しようとするこの方法は、東南アジアを主体に据えた歴史記述を目指し、民族主義運動や独立後の国民統合をめぐる研究に大きな貢献をした。だがその一方で、この方法論が苦手としたのが、交流史の分野であった。また十七、十八世紀の前近代のインドネシア研究は、七〇年代初めにはまだ十分な成果を上げていなかった。

こうした時代に初版『オランダ東インド会社』が刊行された。これまでその重要性は認識されながらも、日本語でまとまった一冊の本として出されていなかった十六―十八世紀の島嶼《とうしょ》部東南アジアの歴史が、二百ページ前後で情報量豊かに提示された。しかもそこには同時期のオランダの歴史、また十七世紀の日蘭交渉史も盛り込まれていた。以来この本は、東南アジア史研究者のみならずオランダ史や日蘭交渉史に関心を有する研究者や学生に広く活用されることになった。

ところでこの著作は、当時の東南アジア史研究者に複雑な思いを起こさせた。インドネシアの前近代史研究の重要性が提起され、筆者自身がインドネシア側の歴史記述を心がけるとしながら、随所でオランダ人の活動にアクセントを置く記述がなされていたからであった。著者永積昭氏がご存命ならば、おそらく「七〇年代初めの研究状況では、オランダ側の史料からインドネシア人の営みを読みとるしか仕方がなかったのです」と答えられるであろう。ジャワ語をはじめとする現地語の年代記とオランダ語史料とのつき合わせをとおしてインドネシア人の営みを探る研究は、まだ発展途上であった。この著作をいかに位置づけるかは、その後の読者に課された課題ともなった。

その後三十年近い歳月が流れる中で、この著作を取り巻く状況は大きく変化した。東南アジア史研究は、民族主義運動の研究が一段落すると、前近代史にまで研究が拡大していった。また東南アジアと他地域との交流史研究も盛んとなった。

こうした中で、この四半世紀の間に東南アジア史研究は目覚ましい進展を示した。その結果、十五―十七世紀の東南アジア海域世界は、東西海洋交易活動が活性化した「交易の時代」を迎えて港市が繁栄し、王権が強化されたこと。またジャワの十七、十八世紀におけるマタラム王国とオランダ東インド会社との関係が、一方の他方への従属といった単純な理解では片づかないこと。東南アジアの王位継承において内紛が起こることは必ずしも王室の弱体化を意味するものではないこと。十八世紀中葉以降、東南アジアの交易活動は再び活性化したこと、などが解明された。

こうした成果を考慮に入れながら『オランダ東インド会社』を読み返してみると、この著作に多くの魅力を再発見できる。「一　香料への道」の章では、「交易の時代」を迎えた東南アジアの繁栄が生き生きと描かれ、ポルトガルやオランダもその海域に参入した一員であったことが明らかとされる。「二　V・O・Cの誕生」の章は、毛織物産業の発展と銀の流入そして東インドへの香料の買い付けという、世界的な交易活動の流れのなかで、オランダ東インド会社（V・O・C）の誕生を描き出す。

そして「三　征服者クーン」の章では、オランダ東インド会社がバタヴィアに拠点を確立するために、総督であったクーンが積極的な行動力を発揮したことを明らかにする。彼はバタヴィアを確保するために、イギリスやバンテン、また後にはマタラムと対決し、これらを退けた。さらにモルッカ諸島の香辛料産地住民と確固たる関係を形成する一方、バタヴィアに原住民と華僑の移住を勧め、オランダ人自由市民の移住を要請した。こうした積極的な権力の行使を、我々は同時代の東南アジアの王国（例えばアチェーやマタラム、バンテンやアユタヤ）の支配者にも同様に見ることが出来る。彼らも、周辺港市とサバイバル合戦を繰り返し、産地住民と確固たる関係を構築し、貿易を振興するために自らの王都や港町に、多様な地域からの出身者を滞在させようとした。周辺勢力と競合する状況下で、権力者にはクーンのような行動力が求められたのである。

「四　日本貿易」「五　陸にあがる」の章は、オランダの硬軟取り混ぜた活動を鮮明に描いている。東アジア貿易への参入やマタラムとの関係の構築に際して、オランダは武力を見せるだけでなく、利益追求のためにその地域の慣行を重視した。長崎においては幕府の管理下での日本貿易に参入し、少なからぬ利益を上げることが出来た。またマタラム王のアマンクラット一世との平和条約締結の際には、会社側から和を乞い、毎年使節を派遣して、臣従関係を示したのであった。こうしてマタラム王家と関係を築いたオランダは、トゥルーノジョヨの反乱に際し、アマンクラット二世を援助し、会社側に有利な契約をマタラムと結ぶことが出来た。

「六　塗りこめた首」は、十八世紀の東南アジアの港町の状況を如実に示す。当時の東南アジアの港市はバタヴィアに限らず、いずれもが多様な出身地の人々よりなるコスモポリスであった。そこでは出身地ごとに居住区が形成され、その代表者が支配者（バタヴィアの場合はオランダ総督）との協議のもとに統治がなされていた。コスモポリスというと整然とした秩序のもとに人々が居住する国際的都市を連想するかもしれないが、実態は多民族雑居の状態であった。こうした都市では、治安が悪く、様々な陰謀の噂も生じやすかった。バタヴィアでは、支配者となったオランダ人がヨーロッパ人抹殺の噂におののき、最大数の住民となった華人は権力者に抹殺されるかもしれぬ噂に怯え、暴動を起こした。

「七　ジャワの支配」の章は、会社がマタラム王家の内紛に介入し、ジャワでの影響力を拡大したことが描かれる。マタラム王国の王位継承に伴う内紛の頻発に、読者の方々は王家の弱体化の印象を持たれるかもしれない。十八世紀のマタラム王家の権力が、十七世紀前半の時代に比して弱体化していることは否定できないが、王位継承に際して内紛が生じること自体は、ジャワやマレー世界において決して珍しいことではない。双系制でかつ長子相続のみに固執しない社会の中で、最強のものが支配者たるべきという権力観念を培ってきたこの地域では、王位継承争いを通してその候補者達は、自己の権力を再確認しようとしたと言える。

オランダはこれに介入し、三度の継承戦争を経てマタラム王国は、ジョクジャカルタのスルタン家、スラカルタのススフーナン家とマンクーヌガラ家に三分された。こうしてジャワは一応落ち着きを取り戻した。近年の研究によれば、ジャワをはじめ東南アジアは、十八世紀中葉以降、清朝中国社会の経済発展により再び交易活動が活性化した。ジャワも人口が増え、繁栄を取り戻した。故永積昭氏とも親交のあったジャワ史研究者のリックレフス（M.C.Ricklefs）によれば、マタラム王家は、オランダの存在の正当性を認め、十九世紀初めのジョクジャカルタのスルタン家の年代記の中で、オランダ人総督のクーンは、ジャワにやってきたスペイン人商人の息子スクムルと、マタラム王家とも血縁である西ジャワのパジャジャラン王家の王女との間に生まれた子であるとされた。マタラム側は、オランダ人総督を王家と血縁関係を有する存在として位置づけたのである。

こうして東南アジアの中でオランダ東インド会社の活動を見てくるとき、著者自身も述べているように、会社の「ジャワ社会についての知識が深まり」、東インド会社自体が東南アジア化していることが見て取れる。「マタラムの領地を会社に譲渡したい」と提案したマタラム王パクブウォノの発言や、一旦その領土を受けた上で改めてこれを王子に譲り、彼をパクブウォノ三世として即位させたオランダの処置も、こうした背景から理解されよう。

東南アジアの港市の繁栄は、東西海洋交易活動の動向によって左右される。また交易独占は、これに対抗する勢力が新たな交易ネットワークを形成することに成功したとき、崩壊する。ベンガルを拠点としたイギリスが中国貿易に参入し、中継地の東南アジアの胡椒を入手するために安価なインド産綿布を持ち込みはじめると、オランダ東インド会社はこれに太刀打ちできなくなった。二百年近くバタヴィアを拠点に活動した東インド会社も、東南アジア海域世界の他の港市同様、擡頭《たいとう》―隆盛―消滅のめまぐるしいサイクルから逃れることは出来なかった。

以上の観点から本書を読み返してみると、この本はいま、私達に東南アジアの前近代史を考えるおもしろさを数多く授けてくれるように思われる。そしてかつて初版を読んだことのある世代は、作品が時を超えて再生してくる醍醐味をかみしめることが出来るのである。

（立教大学教授）

【オランダ東インド総督】	【スラカルタ王家】	【ジョクジャカルタ王家】	（アジア・日本）
	1788－1820 パクブウォノ4世		1787 松平定信、寛政の改革
1796－1801 ピーテル＝ファン＝オーフェルストラーテン		1792－1810 1811－1812 1826－1828 アマンクブウォノ2世（スルタン＝スプー）	
1801－1805 ヨハネス＝シーベルフ			
1805－1808 アルベルト＝H.＝ヴィーゼ			
1808－1811 ヘルマン＝W.＝ダーンデルス		1810－1811 1812－1814 アマンクブウォノ3世	
1811 ヤン＝ウィルレム＝ヤンセンス			
1811－1816 トマス＝スタンフォード＝ラッフルズ（イギリス東インド会社副総督）		1814－1822 アマンクブウォノ4世 1822－1826 アマンクブウォノ5世	1815 杉田玄白、『蘭学事始』を著わす

(ヨーロッパ)	(インドネシア・マライ)
1789 フランス革命起る	
1795 オランダはフランス軍に占領され、市民革命はオランダの寡頭制を廃止	1796 ジャワ及びこれ以東の根拠地以外のオランダ勢力は、イギリスの手に落ちる
1799.12.31 オランダ東インド会社解散	
1802 アミアン和約。インドネシア諸島の全地域を一度オランダに返還	
1803 オランダ・イギリスの戦争再燃	
1810 オランダはフランスに併合される	
	1811 ジャワは名目上フランス領となるが、まもなくイギリス軍により占領される
	1813 ラッフルズの土地改革
	1819 イギリスのシンガポール領有

【オランダ東インド総督】	【マタラム王】	【ジョクジャカルタ王家】	（アジア・日本）
1718－1725 ヘンリクス＝ズワールデクローン	1719－1726 アマンクラット4世		
1725－1729 マテウス＝ド＝ハーン			
1729－1732 ディルク＝デュルフェン	1726－1749 パクブウォノ2世		
1732－1735 ディルク＝ファン＝クローン			
1735－1737 アブラハム＝パトラス			
1737－1741 アドリアーン＝ファルケニール			
1741－1743 ヨハンネス＝テーデンス			
1743－1750 フスターフ＝W.＝ファン＝イムホフ	1749－1788 パクブウォノ3世		
1750－1761 ヤコブ＝モッセル			
1761－1775 P.A.ファン＝デル＝パラ		1755－1792 アマンクブウォノ1世（別名マンクーブーミ）	1757 インドのプラッシーにおけるイギリス・フランスの戦い
1775－1777 イェレミアス＝ファン＝リームスデイク			
1777－1780 レイニール＝ド＝クレルク			1771 ヴェトナム、タイソン（西山）党の乱おこる
1780－1796 ウィルレム＝A.＝アルティング			

(ヨーロッパ)	(インドネシア・マライ)
	1721－1722　エルベルフェルト事件
	1740　バタヴィア華僑の叛乱と虐殺。マタラムとの紛争
	1743　バタヴィアとマタラム王との間に協定成立。王は会社の臣下となり東北海岸地区を割譲
	1747　バタヴィアとアメリカ大陸との貿易の試み
	1749－1755　第3次ジャワ継承戦争。この結果、マタラムはスラカルタとジョクジャカルタに分割
1756－1763　七年戦争	
	1757　スラカルタからマンクーヌガラ王家分立
1776　アメリカ13州独立宣言	
	1778　バタヴィア科学協会設立

【オランダ東インド総督】	【マタラム王】	（アジア・日本）
		1644　清朝の中国支配始まる
1645−1650 コルネリス＝ファン＝デル＝レイン	1645−1677 アマンクラット1世（別名スーナン＝テガルワンギ）	
1650−1653 カレル＝レイニールス		
1653−1678 ヨハン＝マーツァイケル		
1678−1681 レイクロフ＝ファン＝フーンス		
1681−1684 コルネリス＝スペールマン		1661　鄭成功、ゼーランディア要塞を占領
1684−1691 ヨハンネス＝カンプハイス	1677−1703 アマンクラット2世	
1691−1704 ウィルレム＝ファン＝アウトホールン		
1704−1709 ヨハン＝ファン＝ホールン		
1709−1713 アブラハム＝ファン＝リーベック	1703−1705 アマンクラット3世（スーナン＝マス）	1688−1704　元禄時代 1689　ネルチンスク条約
1713−1718 クリストッフェル＝ファン＝ズウォル	1705−1719 パクブウォノ1世（スーナン＝プーゲル）	1716−1736　享保時代

(ヨーロッパ)	(インドネシア・マライ)
1648　オランダとスペインの和平成立	
1649　クロンウェル共和制	
	1650−1656　オランダとモルッカとの間の戦争
1651　ポルトガルとの戦い再燃 クロンウェル航海条例	1651−1683　バンテンのスルタンの貿易活動回復への努力
1660　イギリス王政復古	1663　スペイン人、モルッカから退去
	1667　テルナテ、ティドーレ、オランダと講和。ボンガヤ条約
1672　オランダはイギリス、フランス等の攻撃を受けて衰退	1674　トゥルーノジョヨの叛乱。マタラム王権の弱体化
	1679−1683　モルッカでの戦争。オランダの優位確立
	1682−1684　バンテンの内乱。バンテン独立を失う
1688−1689　イギリス名誉革命	
	1696頃　コーヒー原木輸入される
1701−1713　スペイン継承戦争	1704−1708　第一次ジャワ継承戦争
	1719−1723　第二次ジャワ継承戦争

【オランダ東インド総督】	【マタラム王】	（アジア・日本）
（任期は現地での執務を基準とする）		
		1590　豊臣秀吉の国内統一
1609—1614 ピーテル＝ボート		1600　関ケ原の戦い。リーフデ号日本到着
1614—1615 ヘラルト＝レインスト		1603　徳川氏、江戸幕府を開く
		1604　内外の貿易船に朱印状を下附
1616—1619 ラウレンス＝レアール	1613—1645 スルタン＝アグン（1625以後はススフーナンの称号を使用）	1609　平戸オランダ商館開設
1619—1623 ヤン＝ピーテルスゾーン＝クーン		1615　大坂夏の陣
1623—1627 ピーテル＝ド＝カルペンティール		1624　オランダ、ゼーランディア城建設
1627—1629 ヤン＝ピーテルスゾーン＝クーン		1628　台湾での日本・オランダの衝突（4年後に解決）
1629—1632 ジャック＝スペックス（臨時）		1633—1639　一連の鎖国令発布
1632—1636 ヘンドリック＝ブラウエル		1637　島原の乱 1641　オランダ商館、平戸から長崎へ。鎖国体制完成
1636—1645 アントニー＝ファン＝ディーメン		

(ヨーロッパ)	(インドネシア・マライ)
1588 イギリス、スペインの無敵艦隊を破る	
1595 コルネリス＝ド＝ハウトマンの艦隊出帆。翌年東インドに到達	1596 バンテンのスルタンと貿易協定を結ぶ
	1599 最初のオランダ船、モルッカに到着
1602 オランダ東インド会社設立	1605 アンボン人、会社の宗主権を承認
	1606 スペイン人、ティドーレ要塞をポルトガルから奪回
1609 オランダとスペインの12年の休戦	1609—1636 アチェー王イスカンダル＝ムダのマラッカ攻撃
1618—1648 三十年戦争	
1619 イギリス・オランダ東インド会社の合併協定(まもなく瓦解)	1619 バタヴィアの建設
	1621 クーンのバンダ諸島征服
	1623 アンボンの虐殺
	1629 バタヴィア第2回包囲
	1635—1638 オランダのモルッカにおける香料生産の統制始まる
1641 オランダ・ポルトガル両国、10年間休戦	1641 マラッカ占領

（ジャワの諸王）		（アジア・日本）
		1405−1433 明の鄭和の西征
		1467−1477 応仁の大乱
【バンテンのスルタン】		
1526−1552 ファレテハン（別名スーナン＝グヌン＝ジャティ）		1526 インドのムガール帝国建国
		1543 ポルトガル人、種子島に来る
		1549 ザビエル来日
1552−1570 第2代ハサヌッディン		1568 織田信長入京
1570−1580 第3代マウラナ＝ユスフ		1571 メキシコから西進したスペイン人、フィリピンに到達し、マニラ建設
1580−1596 第4代マウラナ＝モハメッド 以後かなり衰える	【マタラム王】 1582−1601? セナパティ	1573 室町幕府滅びる

オランダ東インド会社関連年表

（ヨーロッパ）	（インドネシア・マライ）
	1414　マラッカ、イスラムに改宗
	1419　ジャワのグレシクに最初のイスラム教徒の墓
	1475頃　イスラム教、モルッカに広まる
1492　コロンブス、新大陸到達	
1498　ヴァスコ＝ダ＝ガマのインド到達	1509　最初のポルトガル船、マラッカ到着
	1511　ポルトガルのマラッカ征服
	1515―1530頃　アチェーの建国
1519―1522　マジェランの世界周航	1521　マジェランの船隊、モルッカ諸島通過
	1522　ポルトガル人、テルナテに要塞を建設
	1526　バンテンとジャカトラ、イスラムに改宗
1529　フランス、東インドへの進出を初めて試みる	1536―1540　ポルトガルのモルッカ諸島における勢力確立
	1546　ザビエル、モルッカを訪問
1568　オランダの対スペイン抵抗激化	1570　ポルトガルとテルナテ、不和となる
1580　ポルトガル、スペインと同じくフェリペ2世を戴く	1574　ポルトガル人、テルナテより追われるがアンボンの基地は確保。4年後ティドーレに要塞建設

ラ

リ

ル

レ

ミ

ム

メ

モ

ヤ

ユ

ヨ

マ

へ

ホ

ヒ

ト

ナ

ニ

セ

ソ

タ

ケ

コ

オ

カ

イ

索　引

1　東インド，西インドのことを，ひがしインド，にしインドと呼ぶ人もあるが，ここではとうインド，せいインドに統一した。

2　インドネシア人，オランダ人その他若干の人名にはローマ字綴りを附した。ただし一般によく知られているもの，またはそれほど重要でないものを除いた。

3　インネドシア人名のローマ字綴りはインドネシア国語の綴り方に従い，オランダ式綴りを用いなかった。

4　ヨーロッパ人名の姓につけられた貴族称号（たとえばオランダ人のファン，フランス系のド）は後ろにつけて排列した。したがって，たとえば本文にド＝ハウトマンとある場合にも，ハの項で検索することになる。

ア

本書は、一九七一年、近藤出版社から刊行されました。

永積　昭（ながづみ　あきら）

1929年，東京生まれ。東京大学文学部卒業。東京大学文学部大学院博士課程中退。コーネル大学大学院博士課程卒業。学位取得。東京大学文学部教授。著書に『インドネシア民族意識の形成』『東南アジアの歴史』『東南アジアの留学生と民族主義運動』『アジアの多島海』などがある。1987年没。

講談社学術文庫

定価はカバーに表示してあります。

オランダ東《ひがし》インド会社《がいしゃ》

永積《ながづみ》　昭《あきら》

2000年11月10日　第1刷発行
2023年6月5日　第12刷発行

発行者　鈴木章一
発行所　株式会社講談社
東京都文京区音羽 2-12-21 〒112-8001
電話　編集（03）5395-3512
販売（03）5395-4415
業務（03）5395-3615
装　幀　蟹江征治
印　刷　株式会社ＫＰＳプロダクツ
製　本　株式会社国宝社

ISBN4-06-159454-0

「講談社学術文庫」の刊行に当たって

これは、学術をポケットに入れることをモットーとして生まれた文庫である。学術は少年の心を養い、成年の心を満たす。その学術がポケットにはいる形で、万人のものになることは、生涯教育をうたう現代の理想である。

こうした考え方は、学術を巨大な城のように見る世間の常識に反するかもしれない。また、一部の人たちからは、学術の権威をおとすものと非難されるかもしれない。しかし、それはいずれも学術の新しい在り方を解しないものといわざるをえない。

学術は、まず魔術への挑戦から始まった。やがて、いわゆる常識をつぎつぎに改めていった。学術の権威は、幾百年、幾千年にわたる、苦しい戦いの成果である。こうしてきずきあげられた城が、一見して近づきがたいものにうつるのは、そのためである。しかし、学術の権威を、その形の上だけで判断してはならない。その生成のあとをかえりみれば、その根は常に人々の生活の中にあった。学術が大きな力たりうるのはそのためであって、生活をはなれた学術は、どこにもない。

開かれた社会といわれる現代にとって、これはまったく自明である。生活と学術との間に、もし距離があるとすれば、何をおいてもこれを埋めねばならない。もしこの距離が形の上の迷信からきているとすれば、その迷信をうち破らねばならぬ。

学術文庫は、内外の迷信を打破し、学術のために新しい天地をひらく意図をもって生まれた。文庫という小さい形と、学術という壮大な城とが、完全に両立するためには、なおいくらかの時を必要とするであろう。しかし、学術をポケットにした社会が、人間の生活にとってより豊かな社会であることは、たしかである。そうした社会の実現のために、文庫の世界に新しいジャンルを加えることができれば幸いである。

一九七六年六月

野間省一

堀越孝一著
中世ヨーロッパの歴史
ヨーロッパとは何か。その成立にキリスト教が果たした役割とは？　地中海古代社会から森林と原野の内陸部へ展開、多様な文化融合がもたらしたヨーロッパ世界の形成過程を「中世人」の眼でいきいきと描きだす。

1763

J・ギース、F・ギース著／青島淑子訳
中世ヨーロッパの都市の生活
一二五〇年、トロワ。年に二度、シャンパーニュ大市が開催され、活況を呈する町を舞台に、ヨーロッパの人々の暮らしを逸話を交え、立体的に再現する。活気に満ち繁栄した中世都市の実像を生き生きと描く。

1776

伊東俊太郎著（解説・三浦伸夫）
十二世紀ルネサンス
中世の真っ只中、閉ざされた一文化圏であったヨーロッパが突如として「離陸」を開始する十二世紀。多くの書がラテン訳され充実する知的基盤。先進的アラビアに接し文明形態を一新していく歴史の動態を探る。

1780

岡田英弘・神田信夫・松村　潤著
紫禁城の栄光　明・清全史
十四～十九世紀、東アジアに君臨した二つの帝国。遊牧帝国と農耕帝国の合体が生んだ巨大な多民族国家・中国。政治改革、広範な交易網、度重なる戦争……。シナが中国へと発展する四百五十年の歴史を活写する。

1784

岩村　忍著
文明の十字路＝中央アジアの歴史
ヨーロッパ、インド、中国、中東の文明圏の間に生きた中央アジアの民。東から絹を西から黄金を運んだシルクロード。世界の屋根に分断されたトルキスタン。草原の民とオアシスの民がくり広げた壮大な歴史とは？

1803

井上浩一著
生き残った帝国ビザンティン
興亡を繰り返すヨーロッパとアジアの境界、「文明の十字路」にあって、なぜ一千年以上も存続しえたか。皇帝・貴族・知識人は変化にどう対応したか。ローマ皇帝の改宗から帝都陥落まで「奇跡の一千年」を活写。

1866

竹内弘行著
十八史略

神話伝説の時代から南宋滅亡までの中国の歴史を一冊に集約。韓信、諸葛孔明、関羽ら多彩な人物が躍動し、権謀術数は飛び交い、織りなされる悲喜劇――。簡潔な記述で面白さ抜群、中国理解のための必読書。

1899

鹿島　茂著
ナポレオン フーシェ タレーラン 情念戦争1789―1815

「熱狂情念」のナポレオン、「陰謀情念」の警察大臣フーシェ、「移り気情念」の外務大臣タレーラン。情念史観の立場から、交錯する三つ巴の心理戦と歴史事実の関連を読み解き、熱狂と混乱の時代を活写する。

1959

山上正太郎著（解説・池上　彰）
第一次世界大戦 忘れられた戦争

「戦争と革命の世紀」はいかにして幕を開けたか。交錯する列強各国の野望、暴発するナショナリズム、ボリシェヴィズムの脅威とアメリカの台頭……「現代世界の起点」を、指導者たちの動向を軸に鮮やかに描く。

1976

杉山正明著
クビライの挑戦 モンゴルによる世界史の大転回

チンギス・カンの孫、クビライが構想した世界国家と経済のシステムとは？「元寇」や「タタルのくびき」など「野蛮な破壊者」というモンゴルのイメージを覆し、西欧中心・中華中心の歴史観を超える新たな世界史像を描く。

2009

鹿島　茂著
怪帝ナポレオン三世 第二帝政全史

ナポレオン三世は、本当に間抜けなのか？ 偉大な皇帝ナポレオンの凡庸な甥が、陰謀とクー・デタで権力を握っただけという紋切り型では、この摩訶不思議な人物の全貌は掴みきれない。謎多き皇帝の圧巻の大評伝！

2017

A・J・P・テイラー著／吉田輝夫訳
第二次世界大戦の起源

「ヒトラーが起こした戦争」という「定説」に真っ向から挑戦して激しい論争を呼び、研究の流れを変えた名著。「ドイツ問題」をめぐる国際政治交渉の「過ち」とは。大戦勃発に至るまでの緊迫のプロセスを解明する。

2032

J・ギース、F・ギース著／栗原　泉訳
大聖堂・製鉄・水車 中世ヨーロッパのテクノロジー

「暗闇の中世」は、実は技術革新の時代だった！　建築・武器・農具から織機・印刷まで、直観を働かせ、失敗と挑戦を繰り返した職人や聖職者、企業家や芸術家たちが世界を変えた。モノの変遷から描く西洋中世。

2146

池内　紀著
悪魔の話

ヨーロッパ人をとらえつづけた想念の歴史。彼らの不安と恐怖が造り出した「悪魔」観念はやがて魔女狩りという巨大な悲劇を招く。現代にも忍び寄る、あの悪夢を想起しないではいられない決定版・悪魔学入門。

2154

ウィリアム・H・マクニール著／清水廣一郎訳
ヴェネツィア 東西ヨーロッパのかなめ　１０８１〜１７９７

ベストセラー『世界史』の著者のもうひとつの代表作。十字軍の時代からナポレオンによる崩壊まで、軍事・造船・行政の技術や商業資本の蓄積に着目し、地中海最強の都市国家の盛衰と、文化の相互作用を描き出す。

2192

パット・バー著／小野崎晶裕訳
イザベラ・バード 旅に生きた英国婦人

日本、チベット、ペルシア、モロッコ……。外国人が足を運ばなかった未開の奥地まで旅した十九世紀後半の最も著名なイギリス人女性旅行家。その幼少期から異国での苦闘、晩婚後の報われぬ日々まで激動の生涯。

2200

南川高志著
ローマ五賢帝「輝ける世紀」の虚像と実像

賢帝ハドリアヌスは、同時代の人々には恐るべき「暴君」だった！「人類が最も幸福だった」とされるローマ帝国最盛期は、激しい権力抗争の時代でもあった。平和と安定の陰に隠された暗闘を史料から解き明かす。

2215

川北　稔著
イギリス　繁栄のあとさき

今日英国から学ぶべきは、衰退の中身である――。産業革命を支えたカリブ海の砂糖プランテーション。資本主義を担ったジェントルマンの非合理性……。世界システム論を日本に紹介した碩学が解く大英帝国史。

2224

外国の歴史・地理

古代エジプト 失われた世界の解読
笈川博一著

二七〇〇年余り、三十一王朝の歴史を繙く。ヒエログリフ（神聖文字）などの古代文字を読み解き、『死者の書』から行政文書まで、資料を駆使して、宗教、死生観、言語と文字、文化を概観する。概説書の決定版！

2255

テンプル騎士団
篠田雄次郎著

騎士にして修道士。東西交流の媒介者。王家をも経済的に支える財務機関。国民国家や軍隊、多国籍企業の源流として後世に影響を与えた最大・最強・最富の軍事的修道会の謎と実像に文化社会学の視点から迫る。

2271

民主主義の源流 古代アテネの実験
橋場　弦著

民主政とはひとつの生活様式だった。時に理想視され、時に衆愚政として否定された「参加と責任のシステム」の実態を描く。史上初めて「民主主義」を生んだ古代アテナイの人びとの壮大な実験と試行錯誤が胸をうつ。

2345

興亡の世界史 アレクサンドロスの征服と神話
森谷公俊著

奇跡の大帝国を築いた大王の野望と遺産。一〇年でギリシアとペルシアにまたがる版図を実現できたのはなぜか。どうして死後に帝国がすぐ分裂したのか。栄光と挫折の生涯から、ヘレニズム世界の歴史を問い直す。

2350

興亡の世界史 シルクロードと唐帝国
森安孝夫著

従来のシルクロード観を覆し、われわれの歴史意識をゆさぶる話題作。突厥、ウイグル、チベットなど諸民族の入り乱れる舞台で大役を演じて姿を消した「ソグド人」とは何者か。唐は本当に漢民族の王朝なのか。

2351

興亡の世界史 モンゴル帝国と長いその後
杉山正明著

チンギス家の「血の権威」、超域帝国の残影はユーラシア各地に継承され、二〇世紀にいたるまで各地に息づいていた！「モンゴル時代」を人類史上最大の画期とする、日本から発信する「新たな世界史像」を提示。

2352

《講談社学術文庫　既刊より》

外国の歴史・地理

林 佳世子著
興亡の世界史 オスマン帝国５００年の平和
中東・バルカンに長い安定を実現した大帝国。その実態は「トルコ人」による「イスラム帝国」だったのか。スルタンの下、多民族・多宗教を包みこんだメカニズムを探り、イスタンブルに花開いた文化に光をあてる。
2353

姜尚中《カンサンジュン》・玄武岩《ヒョンムアン》著
興亡の世界史 大日本・満州帝国の遺産
岸信介と朴正熙。二人は大日本帝国の「生命線」たる満州の地で権力を支える人脈を築き、戦後の日本と韓国の枠組みを作りあげた。その足跡をたどり、蜃気楼のように栄えて消えた満州国の虚実と遺産を問い直す。
2354

カルピニ＋ルブルク著／護 雅夫訳
中央アジア・蒙古旅行記
一三世紀中頃、ヨーロッパから「地獄の住人」の地へとユーラシア乾燥帯を苦難と危険を道連れに歩みゆく修道士たち。モンゴル帝国で彼らは何を見、どんな宗教や風俗に触れたのか。東西交流史の一級史料。
2374

土肥恒之著
興亡の世界史 ロシア・ロマノフ王朝の大地
欧州とアジアの間で、皇帝たちは揺れ続けた。民衆の期待に応えて「よきツァーリ」たらんとしたロマノフ家の群像と、その継承国家・ソ連邦の七十四年間を描く。暗殺と謀略、テロと革命に彩られた権力のドラマ。
2386

栗田伸子・佐藤育子著
興亡の世界史 通商国家カルタゴ
前二千年紀、東地中海沿岸に次々と商業都市を建設したフェニキア人は、北アフリカにカルタゴを建国する。ローマが最も恐れた古代地中海の覇者は、歴史に何を残したか？ 日本人研究者による、初の本格的通史。
2387

小杉 泰著
興亡の世界史 イスラーム帝国のジハード
七世紀のムハンマド以来、イスラーム共同体は後継者たちの大征服でアラビア半島の外に拡大、わずか一世紀で広大な帝国を築く。多民族、多人種、多文化の人々を包摂、宗教も融和する知恵が実現した歴史の奇跡。
2388

外国の歴史・地理

澁谷《しぶたに》由里著
馬賊の「満洲」 張作霖《ちょうさくりん》と近代中国
馬賊から軍閥、そして元帥へ――。虚飾にとらわれた張作霖像を解体し、中国社会が包含する多様性にねざす地域政権と自治組織の真実を描く。近代へと歩を進める中国と日中関係史を鮮やかに描き出した意欲的作。
2434

マルク・ブロック著／高橋清徳訳
比較史の方法
歴史学に革命を起こした「アナール派」の創始者による記念碑的講演。人はなぜ歴史を学ぶのか？　そして、歴史から何を知ることができるのか？　根本的な問いを平易に説いた名著を全面改訂を経た決定版で読む。
2437

長澤和俊著
世界探検史
太古の人々の移動から、アレクサンドロスの東征、ヨーロッパによる「地理上の発見」、二十世紀の極地探検まで、古今東西の探検家を網羅し、人類の歩みを通観するユニークな世界史。壮大なロマンと情熱のドラマ。
2438

チャールズ・H・ハスキンズ著／別宮貞徳・朝倉文市訳
十二世紀のルネサンス ヨーロッパの目覚め
ローマ古典の再発見、新しい法学、アラビアの先進知識との遭遇、大学の誕生――イタリア・ルネサンス以前、中世の西欧ではすでに知的復興が行われていた！世界史の常識を覆し、今も指標とされる不朽の名著。
2444

本村凌二著
興亡の世界史　地中海世界とローマ帝国
古代ローマ史には、「人類の経験のすべてがつまっている」という。初の「世界帝国」出現と、一神教世界への転換。そして帝国が終焉を迎えた時、文明は大きく変貌していた。多彩な人物とドラマに満ちた千年史。
2466

福井憲彦著
興亡の世界史　近代ヨーロッパの覇権
長くアジアの後塵を拝したユーラシア極西部の国々は、一五世紀末に始まる大航海時代を皮切りに、世界を圧倒した。二度の世界大戦で覇権を失うも、欧州統合により再生し、新時代を模索するヨーロッパの光と影。
2467

外国の歴史・地理

羽田　正著
興亡の世界史　東インド会社とアジアの海

一七世紀、さかんな交易活動で「世界の中心」となっていた喜望峰から東アジアにいたる海域に、東インド会社が進出した。「史上初の株式会社」の興亡と、二〇〇年間の世界の変貌を描く、シリーズ屈指の異色作！

2468

井野瀬久美惠著
興亡の世界史　大英帝国という経験

大陸の片隅の島国は、「アメリカ植民地の喪失」をステップに大帝国へと発展した。博物館と万国博、紅茶、石鹼、ミュージック・ホール。あらゆる文化と娯楽を手にした「博愛の帝国」の過去は何を問いかけるか。

2469

平野　聡著
興亡の世界史　大清帝国と中華の混迷

ヌルハチ率いる満洲人の国家は、長城を越えて漢人を圧倒し、大版図を実現した。康熙帝・雍正帝・乾隆帝の最盛期から清末まで、栄光と苦闘の三〇〇年を描く。チベット仏教に支えられた、輝ける大帝国の苦悩とは。

2470

鈴木　董著
オスマン帝国の解体　文化世界と国民国家

民族・言語・宗教が複雑に入り組む中東・バルカンを数世紀にわたり統治した大帝国の政治的アイデンティティ、社会構造、人々の共存システムとはなにか？　世界史的視点から現代の民族紛争の淵源を探る好著。

2493

織田武雄著
地図の歴史　世界篇・日本篇

文字より古い歴史をもつと言われる地図には、人々の世界観が描かれる。人類はどのような観念を地図に込め、現実の世界とつなごうとしたのか。数多のエピソードと百六十点超の図版で綴る、歴史地理学入門書。

2498

青柳正規著
興亡の世界史　人類文明の黎明と暮れ方

「文明」とは何か。なぜ必ず滅ぶのか。いくつもの絶滅を克服し、多様な文明を生みだしてきた人類。その誕生と拡散、農耕の発明、古代地中海文明までを通観する。衰亡の原因は、いつも繁栄の中に隠れている。

2511

沢木《さわき》興道《こうどう》聞き書き　ある禅者の生涯

酒井得元《とくげん》著（解説・鎌田茂雄）

沢木興道老師の言葉には寸毫の虚飾もごまかしもない。ここには老師の清らかに、真実に、徹底して生きぬいた一人の禅者の珠玉の言葉がちりばめられている。近代における不世出の禅者、沢木老師の伝記。

639

法《ほっ》句《く》経《きょう》

友松圓諦著（解説・奈良康明）

法句経は、お経の中の「論語」に例えられる釈尊の人生訓をしるしたお経。宗教革新の意気に燃え、人間平等の人格主義を貫く青年釈尊のラジカルな思想を、四百二十三の詩句に謳いあげた真理の詞華集である。

679

神の慰めの書

M・エックハルト著／相原信作訳（解説・上田閑照）

「脱却して自由」「我が苦悩こそ神なれ、神こそ我が苦悩なれ」と好んで語る中世ドイツの神秘思想家エックハルトが、己れの信ずるところを余すところなく説いた不朽の名著。格調高い名訳で、神の本質に迫る。

690

禅と日本文化

柳田聖山《せいざん》著

禅とは何か。禅が日本人の心と文化に及ぼした影響、またその今日的課題とは何か。これら禅の基本的テーゼが明快に説かれるとともに、禅からの問いかけとして〈現代〉への根本的な問題が提起されている。

707

参禅入門

大森曹玄《そうげん》著（解説・寺山旦中）

禅を学ぶには理論や思想も必要であるが、実践的には直接正師につくことが第一である。本書は「わが修道の記録」と自任する著者が、みずからの体験に照らして整然と体系化した文字禅の代表的な指南書。

717

般若心経《はんにゃしんぎょう》講話

鎌田茂雄著

数多くのお経の中で『般若心経』ほど人々に親しまれているものはない。わずか二六二文字の中に、無限の真理と哲学が溢れているからである。本書は字句の解釈に捉われることなく、そのこころを明らかにした。

756

《講談社学術文庫　既刊より》

鎌田茂雄著
観音経《かんのんきょう》講話
宇宙の根本原理を説く観音経のこころ。時代と地域を超えて信仰されてきた観世音菩薩。そして最も広く読誦されてきた観音経。道元や明恵などの仮名法語を引用しつつ、観音経典の真髄を平易に解説した好著。
1000

鎌田茂雄著
法華経《ほけきょう》を読む
諸経の王たる「法華経」の根本思想を説く。文学的にも思想的にも古今独歩といわれる法華経。わずか七巻二十八品の経典の教えを、日蓮は「心の財第一なり」といった。混迷した現代を生きる人々にこそ必読書。
1112

荒井　献《ささぐ》著
トマスによる福音書《ふくいんしょ》
キリスト教史上、最古・最大の異端グノーシス派によってつくられたトマス福音書。同書は資料的に正典福音書と匹敵する一方、同派ならではの独自なイエス像を示す。第一人者による異端の福音書の翻訳と解説。
1149

宮家《みやけ》　準《ひとし》著
日本の民俗宗教
従来、個々に解明されてきた民間伝承を宗教学の視点から捉えるため、日本人の原風景、儀礼、物語、図像等を考察。民俗宗教の世界観を総合的に把握し、日本の民間伝承を体系的に捉えた待望の民俗宗教論。
1152

小田垣雅也著
キリスト教の歴史
イエス誕生から現代に至るキリスト教通史。旧約聖書を生んだユダヤの歴史から説き起こし、イエスと使徒たちによる布教やその後の教義の論争や改革運動を、世界史の中で解説した。キリスト教入門に最適の書。
1178

山田　晶著（解説・飯沼二郎）
アウグスティヌス講話
アウグスティヌスの名著『告白』を綿密に分析し「青年期は放蕩者」とした通説を否定。また「創造と悪」の章では道元との共通点を指摘するなど著者独自の解釈が光る。第一人者が説く教父アウグスティヌスの実像。
1186

宗教

聖書百話
北森《きたもり》嘉蔵《かぞう》著
神とは誰か、信仰とは何か、そして人はいかに生きるべきか……。これらへの答えは聖書にある。神、イエス・キリスト、聖霊、信仰、教会、終末等々の主題の下に、聖書に秘められた真のメッセージを読み解く。
1550

無門関を読む
秋月《あきづき》龍珉《りょうみん》著
無の境地を伝える禅書の最高峰を口語で読む。公案四十八則に評唱、頌を配した『無門関』は『碧巌録』と双璧をなす名著。悟りへの手がかりとされながらも、難解で知られるこの書の神髄を、平易な語り口で説く。
1568

一日一禅
秋月龍珉著（解説・竹村牧男）
師の至言から無門関まで、魂の禅語三六六句。柳緑花紅、照顧脚下、大道無門。禅者が、自らの存在をその一句に賭けた禅語。幾百年、師から弟子に伝わった魂に食い入る禅語三六六句を選び、一日一句を解説する。
1598

空の思想史 原始仏教から日本近代へ
立川武蔵著
一切は空である。仏教の核心思想の二千年史。神も世界も私すらも実在しない。仏教の核心をなす空の思想は、絶対の否定の果てに、一切の聖なる甦りを目指す。印度・中国・日本で花開いた深い思惟を追う二千年。
1600

正法眼蔵随聞記
山崎正一全訳注
道元が弟子に説き聞かせた学道する者の心得。修行者のあるべき姿を示した道元の言葉を、高弟懐奘が克明に筆録した法語集。実生活に即したその言葉は平易で懇切丁寧である。道元の人と思想を知るための入門書。
1622

インド仏教の歴史「覚り」と「空」
竹村牧男著
インド亜大陸に展開した知と静の教えを探究。菩提樹の下のブッダの正覚から巨大な「アジアの宗教」へ。悠久の大河のように長く広い流れを、寂静への「覚り」と一切の「空」というキータームのもとに展望する。
1638

村井　実全訳・解説
アメリカ教育使節団報告書
戦後日本に民主主義を導入した決定的文献。臣民教育を否定し、戦後の我が国の民主主義教育を創出した不朽の原典。本書は、「戦後」を考え、今日の教育問題を考える際の第一級の現代史資料である。

253

小堀桂一郎訳・解説
森鷗外の『智恵袋』
文豪鷗外の著わした人生智にあふれる箴言集。世間へ船出する若者の心得、逆境での身の処し方、朋友・異性との交際法など、人生百般の実践的な教訓を満載。鷗外研究の第一人者による格調高い口語訳付き。

523

サミュエル・スマイルズ著／中村正直訳（解説・渡部昇一）
西国立志編《さいこくりっしへん》
原著『自助論』は、世界十数ヵ国語に訳されたベストセラーの書。「天は自ら助くる者を助く」という精神を思想的根幹とした、三百余人の成功立志談。福沢諭吉の『学問のすゝめ』と並ぶ明治の二大啓蒙書の一つ。

527

新渡戸稲造《にとべいなぞう》著（解説・佐藤全弘）
自警録《じけいろく》　心のもちかた
日本を代表する教育者であり国際人であった新渡戸稲造が、若い読者に人生の要諦を語りかける。人生の妙味はどこにあるか、広く世を渡る心がけは何か、全力主義は正しいのかなど、処世の指針を与える。

567

貝原益軒著／伊藤友信訳
養生訓《ようじょうくん》　全現代語訳
大儒益軒は八十三歳でまだ一本も歯が脱けていなかった。その全体験から、庶民のために日常の健康、飲食飲酒色欲洗浴用薬幼育養老鍼灸など、四百七十項に分けて、噛んで含めるように述べた養生の百科である。

577

小泉信三著（解説・阿川弘之）
平生《へいぜい》の心がけ
慶応義塾塾長を務め、「小泉先生」と誰からも敬愛された著者の平明にして力強い人生論。「知識と智慧」など日常の心支度を説いたものを始め、実際有用の助言に富む。一代の碩学が説く味わい深い人生の心得集。

852